大展好書 好書大展

大展好書 好書大展

命理與預言 4

中國祕傳面相術

陳炳崑/編著

大展出版社有限公司　印行

1歲到44歲爲止

你今年的運勢由此圖可知

◎依你現在的年齡對照圖之部位，詳讀本書118頁以後就可得知

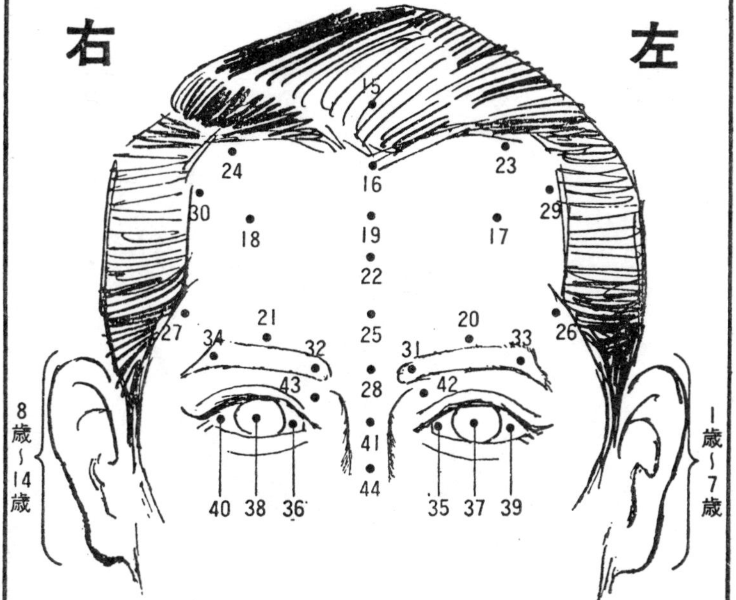

「中國秘傳年齡別面相術」各部位之名稱

1～7歲——金星	24歲——左邊城	35歲——太陽
8～14歲——木星	25歲——中正	36歲——太陰
15歲——火星	26歲——邱陵	37歲——中陽
16歲——天中	27歲——塚墓	38歲——中陰
17歲——日角	28歲——印堂	39歲——少陽
18歲——月角	29歲——左山林	40歲——少陰
19歲——天庭	30歲——右山林	41歲——山根
20歲——左輔角	31歲——凌雲	42歲——精舍
21歲——右輔角	32歲——紫氣	43歲——光殿
22歲——司空	33歲——繁霞	44歲——年上
23歲——右邊城	34歲——彩霞	

45歲以後在次頁

45歲到71歲爲止

你今年的運勢由此圖可知

◎依你現在的年齡對照圖之部位，詳讀本書118頁以後就可得知

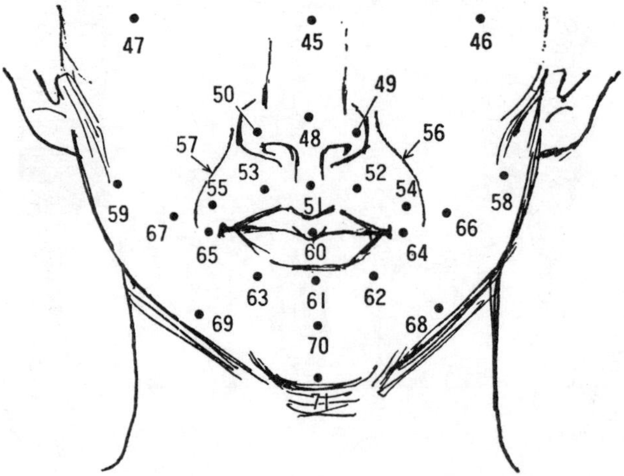

「中國秘傳年齡別面相術」各部位之名稱

45歲——壽上	54歲——食倉	63歲——右地庫
46歲——左顴	55歲——禄倉	64歲——陂池
47歲——右顴	56歲——左法令	65歲——鵝鴨
48歲——準頭	57歲——右法令	66歲——左金縷
49歲——諫台	58歲——左虎耳	67歲——右金縷
50歲——廷尉	59歲——右虎耳	68歲——左歸來
51歲——人中	60歲——水星	69歲——右歸來
52歲——左仙庫	61歲——承漿	70歲——訴堂
53歲——右仙庫	62歲——左地庫	71歲——地閣

72歲以後省略

1歲到44歲參照前頁

序

人常既嘆時運不濟，有些人過於自信，而不自量力，超越已身限界之能力，以求冀望之事，有些人則充分了解自己，不踰矩，靜待機會之來臨，選擇那一條路將左右你現在以至將來之運氣。讀者三思之。

人之顏面隱現著人一生的「好運」與「壞運」，由生至死，各年齡別之運氣均出現臉上。

中國觀相學究極之目的卽是要使大家均充分了解自己一生之運勢，而能握良機發揮所長，使人生更充實。若讀者能由此書確實了解與把握自己之命運，而過燦爛的一生則筆者是幸。

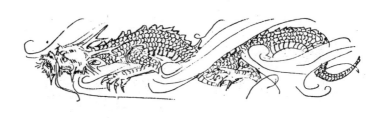

目錄

第一章　中國觀相術之眞髓

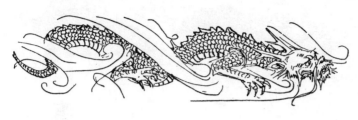

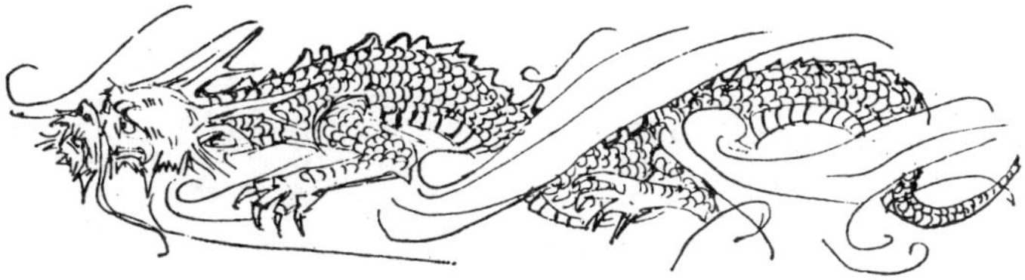

第二章　面相之基礎、部位別面相術

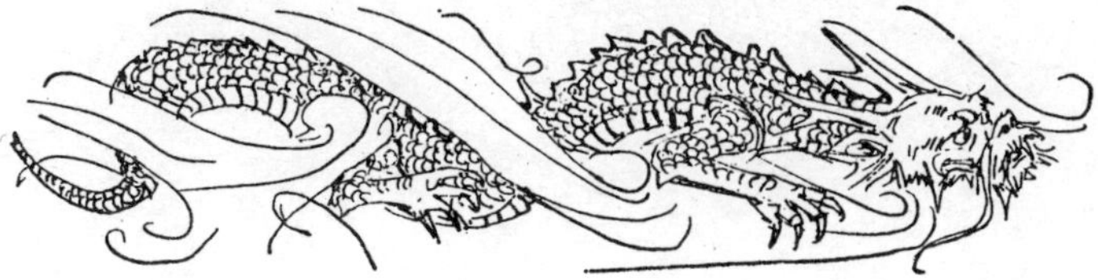

第三章　中國祕傳、年齡別面相術

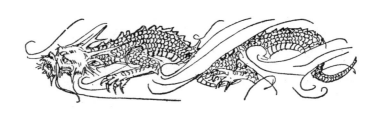

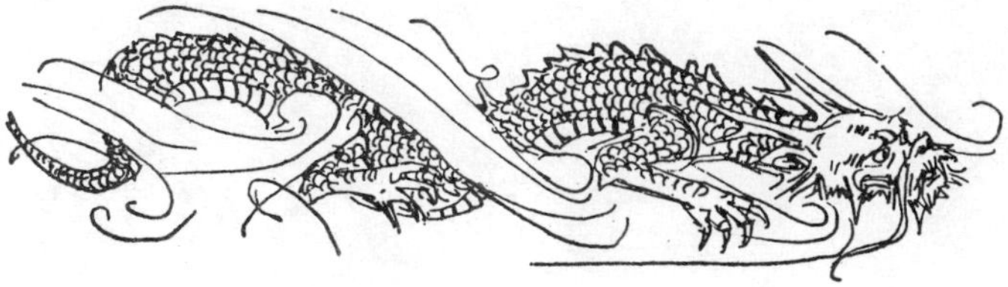

第四章 把霉運變成好運的體外六相

第一章　中國觀相術之眞髓

——準確地預測李小龍死期之三千年來的秘法

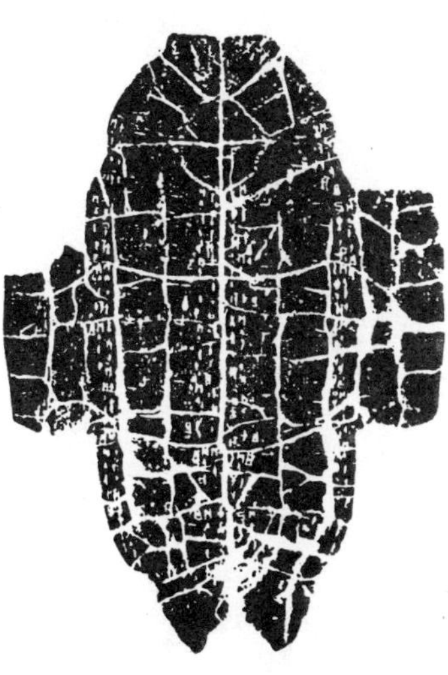

占學的起源，刻於龜甲之甲骨文字（中國殷代）

1. 為何顏面上會出現好運與霉運

面相術能預知災禍，使災厄之發生達到最小限度

人，為何會失敗呢？

求學、做事、戀愛、結婚。儘管大家均很努力的去追求，為何不能產生同樣美滿的結果來呢？這是有多種理由的。

第一個理由是因為對自身了解不夠徹底的緣故。

吾人在做任何事情時要先衡量衡量自己才行。否則去做超出自己能力的事，往往煞費周章，白忙一場，到頭來是一場空，即失敗了。

這是因為不能「知己」以致得到初步的失敗。

我母親的一位親戚，是香港某大建材公司的經理，年紀才三十歲，正是大展鴻圖的時光。就在他這氣勢旺盛的時候，有一天碰巧有和他單獨會面的機會，我看了看他的面相，發現他

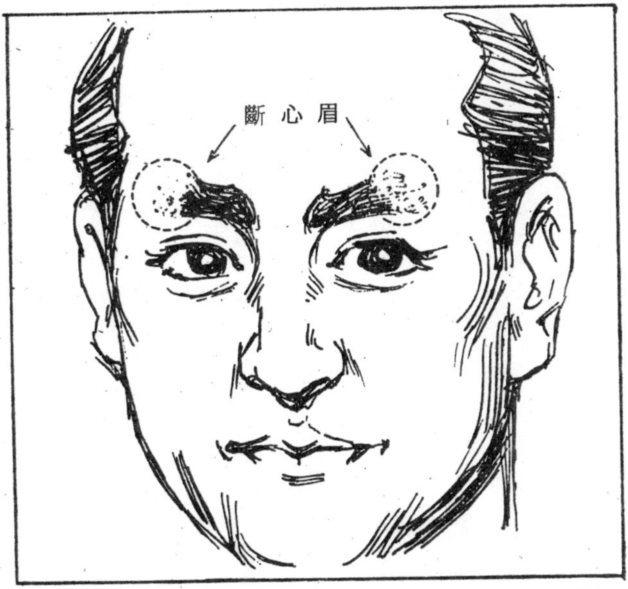

有一個大問題。

那就是他的眉毛。他的眉毛卽相書上所謂的「斷心眉」眉根太粗，眉毛雖濃，但兩眉端到外眼角上，突然如掃帚似地分開。斷心眉是表示淫亂，會因異性關係而導致身敗名裂。而眉毛數於三十一歲至三十四歲的運氣（此年齡別之面相術，第三章再詳述）。

那時我勸告他說「你的運勢從眉毛移到眼部卽三十五歲爲止，要謹言愼行，特別是不要胡搞女性關係，應該專心事業，或許還能維持你現在的旺運」。

俗謂「觀相助人」，看了別人面相後，能告訴對方弱點，使之戒備而逢凶化吉，這才是觀相學之最大目的。

但是那時氣勢旺盛的他，對於我的規勸，視爲馬耳東風，或許在冥冥中已注定他的命運了。

經過二年後，當他要迎接三十三歲生日之前，忽然被一女人落井下石，因貪污公款而吃上官司。因爲他大量挪用公司的錢，花在那女人身上。三十三歲正是人生之黃金時期，而遭受此重大挫折，實在令人感到遺憾，若是當時他能衷心聽我的規勸，或許不會落到此種地步。

我認爲人的命運由面相大致可捕捉住，至少能預知二年前的事，就能規避惡運，以防止大、小禍之發生。

因此學習能判斷自身過去、現在、未來之人生的中國三千年來哲學——觀相學是有必要的。觀相學能預知災禍，能防止災危之發生達到最小限度，故實有學習之價値。

「面卽是人」面孔是其人一切之表現

能了解自身，充分認識自己的命運，爲何仍會失敗呢？

世上並非單單只有一個人生活著，戀愛、結婚或做事時均必須有伙伴才行。人是與他人合作而生活的，故卽使充分的認識自己，而不了解你身邊的伙伴，到頭來不免仍嘗到失敗的苦果。

「我對他那麼信任，卻被出賣了」「我眞想不到他會如此」，到了失敗被騙時已後悔莫及。

我在年輕也曾吃足了被騙的苦頭。

若不能了解他人，仍和不能知道自身一樣，將會一敗塗地。能充分了解自身，認識他人，才能發揮自己的能力，但若自己的信用不良，傷害他人，也一樣地會喪失自己的能力。

中國俗謂「面卽是人」「眼卽是心」，日本也有「眼是心之窗」的說法。故卽使你花言巧語來掩飾自己，但表現自己人格之「眼」與「面孔」仍無法隱藏的。此爲有必要學習觀相學的兩大理由。

兵法上所謂「知己知彼，百戰百勝」，能充分了解自己與認識對方，就能百分之百的戰勝，因此光是了解自己是不夠的，必須充分了解對方才行。

若能選擇良好的朋友來交往，得到友朋之助，就能開拓幸福的人生。你可環視周圍，看看那些過著幸福美滿人生的人，一定是受到好朋友與好妻子之照顧的。

若是充分了解自身，且得到良好伴侶之照顧，而仍失敗的話，那就是眞正的失敗了。爲什麼呢？

此原因實在很難捕捉。這也是遠自三千年來，中國觀相學，想追究的根本理由。

中國觀相學究極之目的爲適時的預知

你自己回想看看，有時遇到了極棘手的事情，卻極順暢的能夠解決。

有時遇見極簡單的事情，卻意想不到的很難解決，儘管如何努力，總歸徒然。我想這些經驗許多人均曾碰到。

日常生活中有些事情，就像走路到十字路口時，紅燈立刻變爲綠燈，以及走到月台上，火車立刻來了。宛如在自己面前，扇扇扉門均打開著迎接你的到來，事事順極了。或是本來一條通常交通均很擁塞的道路，忽然那天你駕車，卻極順利的快速通過了，提早到達了目的地。而與上述這些經驗相反的情形也很多。

有時在自己能力以上之事反而簡單，也有時自己能力所及之簡單的事情卻終歸失敗，這些不可思議的經驗我想大家均有過。

而大家所持的理由可能就是「好運」與「歹運」吧！

爲什麼會發生這種事呢？一言以敝之就是「適時」的問題。

在日本人的言語中可用「潮時」來代表此意味，卽張潮開始之瞬間與退潮之瞬間。故此「適時」卽各人之「潮時」問題。自己的能力能有效的運用時機，與不能運用之時機均被握在此「適時」之中。

在台灣年輪漂亮的樹木很多，樹木於大地伸根，年年生長。但是並非以同樣的狀況生長。冬季來臨時樹木的水分之吸收被壓制，生長較緩慢。而且要對應嚴寒之氣候，故穩固的生長。春天到夏天，激烈地吸收水分，迅速地成長。

生長的方式因順應季節之不同而有緩急之分。其結果冬天生長的部分較堅固強壯，夏天的部分則較肥厚、柔軟。因而生出了漂亮的年輪。年輪卽順應自然推移之適時的記錄。倘若樹木違反自然，一直同樣地生長，或是花不按時期開花，則花之種子將不能得到充分的發育而滅亡，樹木也行將乾枯。

太極拳是對人體健康極有益的中國武術，但其呼吸方法非常重要。呼吸的方法若正確的話對人體健康有利，反之若錯誤的話將損及健康。

我曾經學過太極拳，但險些喪命，由於呼吸方法錯誤，不能適時，以至氣（呼吸）堵塞，身體之筋硬直，一動也不能動。

故呼吸方法之「適時」極爲重要。

了解自身，認識他人之外，充分適時地運用自己的能力，預知「潮時」，這是最重要的。而中國易學、觀相學之追究，實在就是以窮究預知適時爲目的。

「爲什麼在這世上不能事事如意，爲所欲爲」若能處理好，好運與壞運之問題，我想或許你就能過得舒暢些。

積極地了解自己，認識他人，適時地捕捉住自己命運之規律性，刻劃出美麗堅强的年輪，這就是過著充足人生的方法。

觀相學就是了解這些之重要之鑰，爲了要不使決定人生之「適時性」逃逸，必須養成每日攬鏡自照面部的習慣，可參照二、三章隨時觀察時時刻刻自身變化的面孔。

預言李小龍之死

在此我再談一些有關面相術的逸事。

當我第一次遇見他之一瞬間，我就覺得他「不行了！」他就是留給世界年青人强烈深刻印象，如一陣强風而去的功夫明星李小龍。我與他第一次會面是在他死前三年的時候。

那時他虛歲爲三十一，剛拍完上映的電影大大地成功，由美國凱旋回香港，以後就登上世界大明星之途。

刻劃出人生至生至死的記錄就是要在第三章敍述的東洋最優秀之統計學之觀相學「年齡別面相術」（中國秘傳流年命運術）依此由人的面孔之部位可知各年齡之好運與歹運。

李小龍之眉尾雜亂

人生有時必須通過艱辛的道路，有時則走在平坦舒適的道路。此年年行走之道路狀態，均記錄於面相上。也可說面相卽是記錄下人生道路行走之地圖。

李小龍當時三十一歲，由其年齡觀看面相之地圖可知其運正在左眉頭。他的眉毛太粗濃。眉頭堅定，眉毛之色澤也不錯，一切均在在顯示出他正在走運，但他兩方之眉尾——三三歲與三四歲運氣的部位，則不太好，眉尾雜亂。若由地圖上來譬喻的話正是道路險阻，若心身不健康的話就不能越過此一山隘。

但是尚未到此部位之二年間，則一切順利，萬事亨通。

此時他正開始邁向世界大明星之艱難路途，由眉相可知他尚有二年間事事順暢之運。而三十三、三十四歲，則生活要歸於平淡，心身要好好休息，特別要注意健康才行。

我說他「不行」卽使是他雖然三十一、三十二歲還順達，但以他身爲大紅明星之銜，事事繁忙，要他三三、三四歲之時生活趨於平靜，他能辦得到嗎？這就是我所擔心的。

我還是據實地規勸了他。在僅有一小時的談話中他傾聽之後道謝而去，經過三年後，李小龍突然暴斃的死訊，傳到了我的耳裏。此時正是他三四歲（滿三三歲）生日之後不久發生的。

我不知他聽了我的規勸後，是否有投入平靜的生活，這時他正如日東昇，開始名噪一時，要他改變生活方式我想也是不可能的。但是以他對中國哲學之智慧——面相學與拳法同樣地强烈熱衷地看來，我想他要逃避災厄應該是可以的。

了解顯示人生道標地圖的顏相，並不是單單爲了守身、規避災難與疾病。人生在世何時發芽，何時生葉，使人生開出美麗芬芳的花朵，結滿甜蜜的果實，這才是觀相學的目的之一。

此面相的地圖——依據年齡來看面孔的部位，在第三章中有詳述，到時請讀者仔細看看。首先依自己的年齡，看看屬於面孔那一部位，前面三～四頁之圖可資參考。請照鏡確認。例如你是二十八歲則在眉與眉之間，四十八歲則在鼻頭。但年齡要以虛歲爲準。

觀相學有「外相」與「內相」之分，顏相（面相）、骨相、手（足）相爲外相，內相爲聲相、皮膚相、痣相等。

觀相學是什麼學問呢？一言以敝之卽「統計學」。

今日藉著電腦之發達，統計學對於人類動向深具影響力。集積各類資料，預測人類的未來，實爲人類生活之指針。

觀相學大約是自古三千年以來所集積的資料而產生的統計學。

創造者爲東周時代的天文學者，卽占星術之元祖叔服（紀元前廿世紀左右），他比孔子早約百年前，叔服的弟子曾看過孔子幼年時的相，而預言其將來。叔服之第三代後繼者爲唐楚，他於叔服的相學上增添「氣色」，例如將生病之前兆可由面孔或身體之氣色看出。故他爲「氣色」之發明人。

始於周代之觀相學，自周滅亡，秦始皇實行焚書坑儒之政策後，許多資料均散失了。

至漢高祖時「曾受耕田老人之預言」，此爲指漢高祖劉邦年幼時曾接受一位老農夫看相，而預言他有「皇帝之相」，後來劉邦果然被其言中當上了皇帝。故他對觀相學者特別禮遇，因而觀相學也就又開始蓬勃發展起來。

南北朝時（五、六世紀）印度來中國傳教的達摩祖師，他很想學中國之觀相學，可是因當時之觀相學均秘傳，不輕易教人。

達摩祖師就「面壁九年自學相法」而完成了「達摩相法」。

觀相學傳到日本爲隋、唐之時，唐代之時出現有名的「麻衣」之觀相學者。他集觀相學之大成而著有「神相篇面世」此爲近代觀相學之基礎。

至元代有碧眼道人，明代有袁忠徹，然後就是柳莊，均爲有名之觀相學者。

看面相要面孔之各部位均平衡地來看

人之顏面千差萬別，因人而異。但是就像稻的品種之種子，到下一代仍是一樣。人類也像種子之傾向一樣而形成肉體之形而傳下來。而整理探討這些特徵之共通點的方法就是統計學。由這些特徵點，以及自身所持性格的傾向，預知人生之「適時」運，以過幸福的人生就是觀相學。

以上簡述簡述觀相學成立之歷史與理由，在了解觀相學之前有一觀相家必須遵守的鐵則必須牢記。

柳莊言：「不可以一美而言善。莫以一惡而言凶」。看面相時不可光採一處之優點，也不能光採一處之缺點，若是如此，則犯了大錯誤。

觀人面相之時，必須綜合臉部各部位，眼鼻等各部位均要平衡的來看才正確。

觀相學中所以以面相爲主，那是因爲在人體上，一直呈現在人眼前之部位。臉部有所特徵，就是其人格之顯現。

而且面部是表年齡別之運，卽〇歲至一〇〇歲其每年之運，「潮時」、「適時」均刻劃在臉部上。

人與人見面時，開口之前一定先看見顏面，這時若以美醜來分辨實是愚蠢之至。俊美未必爲良相，醜陋也未必爲惡相。

例如以體相而言，身材短小，尤其脚短的人中年以後之運勢往往比身材苗條，長腿的人運勢好多了。由中年到晚年能幸福清心地過後半生的人其脚大都是不長。

2. 三亭──「上亭」初年運、「中亭」中年運、「下亭」晚年運

年齡必須以虛歲爲準

看相之第一步就是要綜合平衡地來看其人面部之相。臉部平衡地來看，才能適當地算出其人一生之命運。

另外一點就是本書所記之年齡問題要特別注意。

在中國觀相世界裏均使用虛歲，不像日本或歐美均採「實足年齡」，那是因爲中國自古以來卽認爲嬰孩在母親受胎之後已是一個生命體，故降生後卽算一歲。

三亭是指將面部區分爲三部。由髮際到眉上。由眉到鼻下，由鼻下到顎部。此三部卽稱爲「三亭」，三亭照順序可分爲「上亭」、「中亭」、「下亭」。

上亭是指一五歲到三〇歲之人生初年運。

中亭則是三〇歲到四十九歲之中年運。下亭爲五〇歲以後之晚年運。

看人面相時，若上亭、中亭、下亭三部分同樣長，很平衡，則其人之生涯無多大起伏。平穩地過一生。運勢無多大波折，也無大禍。

若是上亭比中亭、下亭狹窄，或是中亭寬廣、狹窄時，則其人之生涯運多少帶有波折。

依三亭之觀相大致可了解其人之生涯運，詳細說明如下：

一、上亭——額

三　亭

(1)上亭……………………初年運
(2)中亭……………………中年運
(3)下亭……………………晚年運

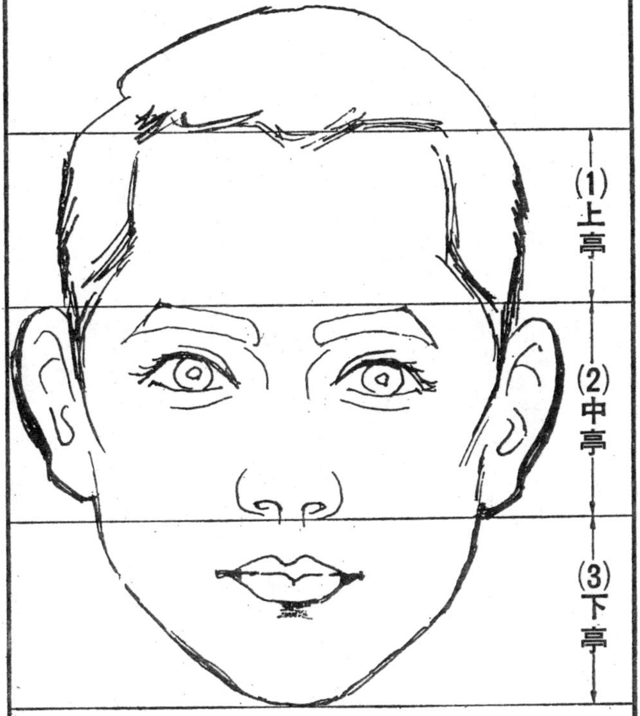

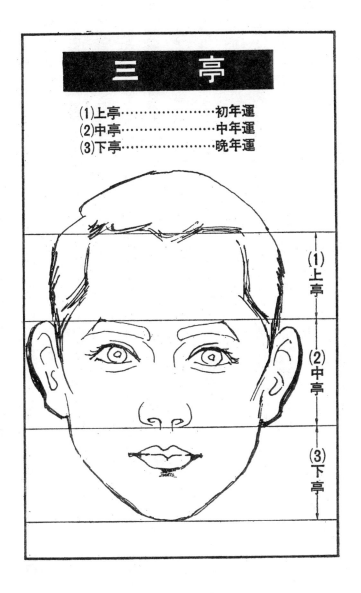

此又稱爲「天位」，如文意所指是含有由天所賦其人之運勢的意味。是由雙親保護，接受雙親恩澤之年少時代之運勢。因雙親之故而受到體質、資質，或環境之影響下的運勢。

上亭寬廣、光潤，無傷疤、污點、凹凸不平，卽使有皺紋但刻劃很整齊，其人之初年運良好。孩提時代無疾病、健康、明朗地渡過青少年時代。

例如巨人隊之長島監督之額部，其骨格堅實、寬廣，呈四角型。皺紋少，色澤光潤。由此可知他度過了幸福的青少年時代。這也養成了他明朗、胸襟大方的性格。但是由於他明朗大方，所以不太了解神經質與受到痛苦屈折的人之心理，因而於處理人際關係上有時比較棘手。

與中亭、下亭相比若上亭較優的人，大都是其祖父母或雙親曾積德，或是雙親之愛和諧，健康所生的孩子。

反之，上亭狹窄的人初年運較差，若要開拓人生則要過中年運以後才有希望。

額頭若極端凹凸不平，或是有傷痕的人，他在兒童時期容易生病，精神上之享受也較欠缺。與上亭優的人相比較難受到長輩之恩澤，與上司之賞識，自己所期待之美夢很難實現。

這一類的人從十五歲到三〇歲能忍耐，接受考驗，磨練自己的能力，若有此想法就很賢明。由於此時期人格尚未成熟，若是憎恨雙親、妬嫉環境好的朋友，則對於其將來之人生有很大影響。

觀相學認爲人之面孔各有不同，所以各人之好運與歹運時期也有所不同。

因此「人無一生之壞運」在歹運之後好運終將開啟。例如上亭不好的人，中亭或下亭時之運氣往往很好。

若是上亭時代，怨天尤人，懷著憤恨心情渡過，其上亭時代人格形成期將影響其心之不正，以致中停、下停時代之好運也將毀於其手。上亭不好的人對於此點必須特別注意。

哲學家、藝術家以及孤苦無援，孤軍奮鬥成功之實業家大多是上亭狹窄的人。因爲他們能忍耐地渡過艱辛的年少時代，養成堅毅之耐力對於其日後之事業將有極大之幫助。

二、中亭——眉、目、鼻

從三十一歲到五〇歲就是自己打天下，自力更生的中亭運了，又稱「人位」。也是在臉部當中呈現喜怒哀樂的部位。此部份隨著年齡之增長而刻劃出許多皺紋，這就是此人心之紀錄。此意味是指由己身之力可使自己成爲凶相或成爲良相。

中亭長的人過了三十一歲後，中年運就很好。

此部分對於出社會後，是否得人望，與異性之生活是否快樂，以及金錢上是否充裕，均有很大關係，人生重要之運道均集聚在此部分。

長島監督

拿破崙

詳細情形在第三章年齡別面相術裏會詳述。

中亭狹窄的人，在此時期，不要做過於非分之想。此類青年最好選擇公務員、銀行職員等較單純的職業，且不要不滿現狀，怨天尤人，平穩地過生活卽可。

有些由青年到中年非常活躍的人，到了晚年反而渡過淒慘的餘生。如拿破崙就是此一例子。由他的上亭看來，與上亭、中亭相比下亭顯得很冷清、窄小。卽他的上亭、中亭很好，下亭就差多了。

此類的人若掌握權勢，剛愎自用，對於別人之勸言充耳不聞，對他人較冷漠無情，專會於滿足自我，而不能安排自己晚年之生活。

中亭好的而下亭較差的人對此要特別注意。

日本的名歌星森進一，他給我的印象就是中亭寬濶，但下亭則細小。其人生之後半可能較差。若他能謙虛地接受此事實，照第四章之改運法來做，晚年運就會好多了。

三、下亭——口、顎

經初年運、中年運後從五〇歲開始就是晚年的運勢。

下亭已大半可看出其衣、食、住之地位，故稱爲「地位」。

此部分若顎部豐隆、光滑、寬大的話，則晚年運勢將很好。

反之，下亭狹窄、唇部及顎部均狹小的人，如前述的拿破崙之例子，上亭、中亭之時叱咤風雲，榮耀一時，但到晚年則很落寞了。

我個人也是上亭、中亭較好，下亭則冷清清，這是顯示壽命較短的象徵，但是上亭、中亭時代之生活方式所作所爲，往往會使下亭生出極大變化來，此對於下亭冷清的人未嘗不是一大補救。因此我要多注意身體之健康，儘量助人，這樣或許能延長我的壽命，以渡過一個幸福和樂的晚年。

日本一位有名的模特兒阿姑蕾斯．蘭木。她的下停就較冷清。她的面相雖屬於顏面六相中之貴相，但與上亭、中亭相比下亭就差多了。由相性觀點來看，她必須找一位下亭豐隆，晚年運很强的男士來匹配，這才是上上之策。

以上是三亭之看法。在此整理出有關三亭之重點建議。

①與中亭、下亭相比，上亭狹窄的人，必須忍受青少年時代之艱苦日子，開創自己的道路，加上毅力等待時機，終有成功之一日。

②中亭廣濶，下亭狹隘的人，在中亭時代必須儘量行善爲下亭時代鋪路。

③下亭比上、中亭寬廣豐隆的人，即是大器晚成者。

依上述觀點來修正你的生涯運勢之起伏，就能過幸福美滿之人生。

3. 十二宮——面部重要部位之「氣色」所示之運氣的強弱

豐滿、欠陷、傷疵、斑痕色澤要特別注意的地方

此爲看相時必須特別注意的十二個部份。稱爲「十二宮」。

十二宮可分爲官祿宮、命宮、遷移宮、兄弟宮、福德宮、妻妾宮、田宅宮、男女宮、疾厄宮、財帛宮、奴僕宮、相貌宮。

十　二　宮

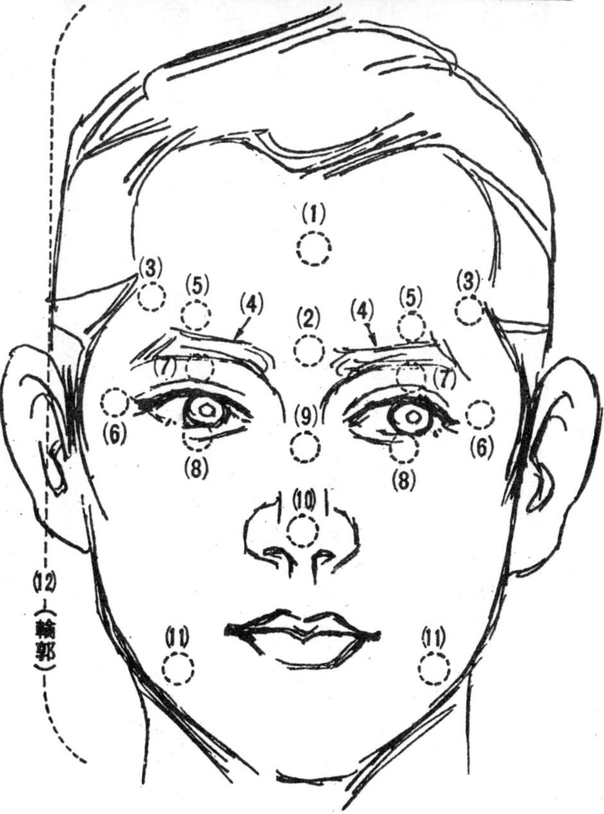

(1)官祿宮…成功運	(5)福德宮…金　運	(9)疾厄宮…健康運
(2)命　宮…生活運	(6)妻妾宮…結婚運	(10)財帛宮…生財運
(3)遷移宮…旅行運	(7)田宅宮…家庭運	(11)奴僕宮…友人運
(4)兄弟宮…兄弟運	(8)男女宮…異性運	(12)相貌宮…晚年運

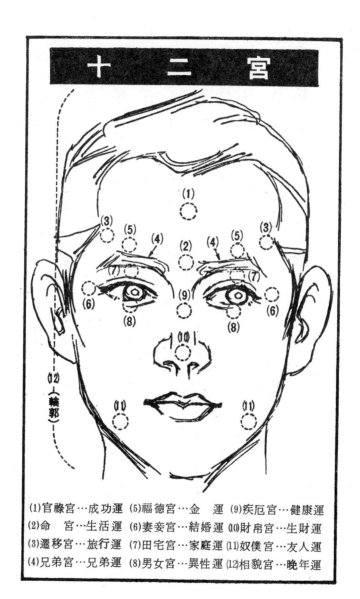

看此十二宮時，首先要注意這些部分有無豐隆、瘦削、傷疵、斑痕或色澤良好否。

前面曾稍提到氣色，氣色會在十二宮之各部位皮膚顯現出變化。

觀察氣色不太容易，就連專門看相者也感到困難，一般人若不經常久訓練很難做到。在此作者稍作大略說明。

觀察一個人之氣色大抵就可了解他的健康狀態。基本的氣色應以早上起床洗臉前之顏色為基準。因此要早上起床時攬鏡自照。

洗臉或運動後，氣色立刻會變，若要知道自己的健康狀態，早上起床一定要先看自己的臉色。

氣色一般大家均知道的是下眼瞼脹起處（臥蚕、卽男女宮）下所顯現之蒼白色。

過度之性行為，精力透支過分時此處卽轉為蒼白。

氣色分為七種顏色，特別要注意的顏色是暗黑、灰色、暗綠色。若是臉上有這幾種顏色出現的話，身體狀況惡劣的可能性很大。若是有此異於常態之現象，最好去給醫生檢查身體看看，有否出毛病。事實上由於氣色之判斷非常困難，若非專門看相者，只要能達到某一程度能判斷臉部肌膚色澤之好壞就不錯了。

因此一般所謂「氣色很好」均以健康時之顏色為基準。皮膚光澤，不要出現暗黑就是好的。

一、官禄宮——地位、階級、成功運

在額部的中央。官祿由其意可知卽是指人一生之榮祿、地位、階級、成功運之有無等。

由橫側看，額面圓隆、稍高，由正面看額面呈四角堅實型。給予人寬濶的感覺，皮膚光潤，而且額中央無傷疵、斑痕，此爲良相。前述的巨人棒球隊長島監督之額部就是此型，由他的額部可知他做監督十分成功。

由此部位之好壞，大致可知其人之身份。卽使對方穿著乞丐似的衣服，但官祿宮良好，可知他之生涯裏一定是負有責任、地位的人物。

此官祿之官卽貴之意味，這是精神面之顯示。祿卽食祿，這是物質面之顯示。

卽官祿宮好的人，精神面與物質面之運勢均具備。

官祿宮若凹凸不平、有傷疵、斑痕，雖無貴相，但有些放浪不羈，以自己之特質行事，做爲藝術家、學者、藝人等，非常熱中，追求自認幸福之生活方式。大抵像這樣官祿宮不高的人物，具有內向、哲學思索的性格。

事實上官祿狹隘、凹凸不平相的人而成爲成功之藝術家或文學家之例子也很多，如已故的林武畫伯與川端康成等均爲此類之人物。

二、命宮——生活力、精神力、健康運

在眉間稍上處，在此可顯現生活力、精神力之有無，也可知肉體健康運。

就以我來說，我的命宮凹陷不平。命宮由第三章所述年齡別顏相術是屬於二五歲之運勢，這時，我正備嘗生死之際的艱辛。

民國三十八年中國大陸正發生匪亂，赤焰遍地，我從北平逃出，流浪大陸，輾轉來到台灣又流徙香港，過著長期乞食似的生活。

此時家族離散，音訊全無，孤單地一個人流浪著。我夾雜在大批的難民羣中，與流浪者們一起睡在道路旁，眺望那些從我頭上走過的難民們。

人之步行姿勢各有不同，但在此時我發現其步行方法與顏相卻一致的。這也是促使我研究觀相學之契機，也可能是此乞食之體驗，奠定我今日研究相學之基礎。

人之步行方式稱爲體外相，在第四章再詳述。在此艱苦之生活中，忽然我在礦場謀到一職，此時我是二五歲。但是這一年我差一點橫死礦場。從我頭上突然掉下了一塊大石，我旁邊的人均被壓死了，而我很幸運地卻逃過此一災厄。現在，我命宮中心稍偏移，且深刻著直直的皺紋。這就是曾經驗生命危機後所顯現的人生記錄，自此以後我曾請教了許多觀相家，優秀的命相家均

會指出說我二五歲時曾遇災難。

故命宮會顯示人生生死之災難，如心臟病等，命宮也會顯出氣色之不同。

命宮當然也以豐滿、無凹凸不平，圓滑爲佳。此爲充分顯示出生活力、健康之證據。

隨著年齡的增長，此部分就會刻劃出人生的記錄。若年輕的時候，在此出現皺紋的話，則生活力、精神力、健康運較弱。所謂無霸氣者，意志與體力差的人命宮都較弱。但是也有變化，若生活充實，注意健康，等待命宮光明之到來，這樣就能走向人生之盛運。

人生之波浪有靜與動，靜、動之處置方法各有所不同，容後再詳述。

三、遷移宮——旅行、出差、出遠門之運

在額端卽鬢角之稍上方。

遷移宮如其文意所示，有離家、遷移之意味。遠離自宅到遠方去之運氣。是否能達到此行之目的，亦是有災難否與遠地作買賣是否順利，均可由遷移宮得知。

遷移宮以圓潤、豐滿爲良相。

若有此良相的人，離家到外國或國內遠處作事均順利無大災難。

四、兄弟宮——兄弟間相合之運

兄弟宮在眉毛的部分，由此可知兄弟間相合之運。與兄弟相合，共居一室，共同合作做事，或是與兄弟仳離，好些年不相見，均顯現在此部分。

眉毛形狀可分爲好幾種類，容後再詳述，以兄弟宮而言，眉毛前後濃淡大約一樣，而且很整齊就爲良相。

若眉毛方向分散不齊，濃疏變化大，兄弟就會分散而生活。例如由巨人隊的王貞治選手之眉毛可看出，他是很少受到兄弟運之恩澤的。

五、福德宮——金錢運

在眉上的部分。福德宮顯示金錢運。此部爲官祿宮之延續，當然也以圓潤、豐滿爲良相。

若是眉上欠陷、凹凸，則金錢運就不太好。卽使有錢進來，也不善理財，容易花掉。

金錢是物質的象徵，而此運所示的福、德實是精神方面之意味，物質運爲何以精神上的言語來表現，這是含有下列之意味的。物質之運用應使精神生活方面更豐裕，若單爲滿足物欲而使用金錢，結局只是金錢的奴隸，而爲金錢之人生，不能得到眞正的幸福，故要切記此提示。

六、妻妾宮——結婚歷、夫婦之相合運

由眉尾到眼角的部分。命相家可由妻妾宮知道夫婦是否相合，何時結婚，會結婚幾次等事。

眼角部分若豐實，皺紋整然有序，且氣色很好爲良相。

眼角部分若欠陷，皺紋散亂，則夫婦不合，常起糾紛。人到了三〇歲以後眼角應該生出皺紋，若是到五〇歲仍無生出皺紋者，爲淫亂之相。

七、田宅宮——母親運、家族運、愛情運

在眉下、上眼瞼的部分。與母親、家族之關係以及工作、健康、愛情等運，均由此部得知。

上眼瞼豐滿、氣色好爲良相。與母親同住，和母親及家族之關係較親密。

上眼瞼若瘦陷，與母親及家族之關係較生疏。

田宅宮依氣色來判斷是很重要的。上眼瞼之氣色若不好時會損及工作及健康、精神方面散亂。

上眼瞼若現微紅時，古來謂將有戀人之象徵。

八、男女宮——異性運、子運

即下眼瞼之部分，又稱臥蚕。男女宮就是男女性間的交往，及子運。

下眼瞼柔豐的人精力旺盛，且將受子息的惠蔭。例如歌星櫻田淳子之下瞼柔豐，將來她一定會受到兒女的照顧。

但是若是男性下瞼極端的豐滿，至五〇歲仍如此的人，會縱樂過度，過分使用精力，故要特別注意。

前面曾提到縱慾過度，翌日下眼瞼下會轉爲蒼白。此爲健康已亮紅燈之信號。若下眼瞼顯出蒼白顏色，年輕人只要一日三餐多注意營養，此顏色自會消失。

但若不會消失或爲了使之消失，而過度使用精力劑，反而有害健康。俗謂「過尤不及」即是如此。

九、疾厄宮——健康運

在鼻柱的部分。疾厄宮如文所示即顯示健康運。鼻柱彎曲或瘦削的人必須多加注意健康，防止疾病發生。特別是過了四〇歲後要注意身體之健康。

鼻柱挺直，豐隆的人爲良相。健康運良好，特別是眼與眼之間最低的部分，最爲重要，此部稱爲山根，若氣色好當無問題。

此部分若完全平坦，由橫側而看，連接眼與眼之間的線凹下之時，四一歲時要特別注意健康。可能會患大病，不要使身體操勞過度。此爲觀相點上之忠告。

十、財帛宮——一生之財運

鼻頭部分是顯示一生財運的重要部位。鼻頭兩端有鼻翼，鼻翼肉豐之相表示能聚積財富，卽使自身無此能力也能自然由他人之助轉手得來。

財帛宮當然也是以豐滿、圓大、氣色好爲良相。鼻頭若尖削，當然是俊俏，但財運卻不太好。鼻頭若爲良相，卽使鼻翼差些，無法得他人之助，要自身努力，也是可達到的。財帛宮若貧弱，或鼻翼相不好，也有補救之道。在選擇結婚對象時可選擇財帛宮及鼻翼豐隆的人。

對此問題容下一章顏面六相時再詳述。當吾人在選擇結婚對象時最好選擇優於自己某處面相不足之人爲對象，以作爲補拙之道。

這樣的話，不但雙方互有幫助，而且能留餘蔭惠澤子孫。

十一、奴僕宮——友人運、住居運

在頰下、顎之兩旁。奴僕宮是顯示與較年輕的友人之緣及住居運。兩頰豐滿、寬濶爲良相。面頰之下部若瘦陷，一定很難得到比你年輕之友人的幫助。因而晚年較落寞。而且住居也難安定。

例如歌星三善英史就是此種相。但此部分隨著年齡之增長也有變爲豐滿之可能。面頰瘦削的人在運氣好的時期應多爲晚年時期多做準備，樂於助人，多行善事可能會使你老年運大爲改觀。奴僕宮豐滿的人卽使年輕、中年時期較困苦，但晚年一定會得貴人之助而過幸福生活。

十二、相貌宮——晚年運

臉部全體輪廓之平衡。相貌宮是顯示晚年的運勢。若臉部全體平衡良好，卽使面部輪廓瘦削些，但予人感覺輪廓不錯也是良相。

但是若腮部（顎兩旁突出部分）過於突出，輪廓一部分變尖削，或凹凸過劇時，晚年則較冷清。

前面曾談到三亭，面部之輪廓，特別是由耳下到顎部，會因初年、中年時代的生活方式而改變很大，因而修正晚年運，此點要特別注意。

十二宮的觀相法到此結束，經過三亭、十二宮，對於你的面相大致上已有個全盤性的了解。

第一印象是很重要的

在前面相貌宮曾說「感覺輪廓良好」讀者或許會認爲此說法可能抽象些。但這確是最具體、直接的表現。

觀相家看人面相時就是要有第一眼的印象，即最初感覺的印象。

看人面相時就是要正確把握感覺的第一印象，這是最重要的。

在各個部分之面相中，雖然大部分不是最優秀的，但給予人明朗、豐裕的感覺，則其人必定被賦予光明幸福的命運，所以能最準確地感覺出其人之面相，才是面相術之眞諦。

很得年輕人喜歡的明星三浦友和，他面相之各部位雖不是最好，但整體看來予人明朗、舒適的感覺，故我敢斷言他必定可過幸福、快樂之一生。

看相之第一原則前面已提過「不可以一美言而言善，莫以一惡而言凶」，看相者應該給予人勇氣，使人走出黑暗，引導人走向新生、幸福的生活，此點要銘記在心。

4. 顏面六相——從悠久歷史中孕育編出的顏相六大種類

由千差萬別的顏面中探討其共通點——歸類出顏面六相

人的面孔因人而異。十人十色，百人百樣。很少有相同的。中國的觀相學將顏相分為六大種類。

分類時的基準如下：

①前述的三亭之平衡。
②顏面之光輝。
③由精神與肉體之健康狀態所示之人品純度，即印象觀。
④耳、眉、眼、鼻、口——五官之平衡。
⑤三亭及顏中央分六府，此三對左右之平衡。
⑥顏面劃分東西南北及中心等五岳之平衡。
⑦顎（地相）部豐滿之有無。
⑧品位所示威儀之有無。
⑨溫和之有無。
⑩皮膚之韌性與色澤。

⑪頭、頭頂之形。

⑫骨格之平衡。

⑬骨格與豐、瘦之平衡。

其中「人品之純度」尤爲重要。

以前列之基準將人的顏面分爲六類，而給予特定之名稱，此稱爲顏面六相。一看見對方之面相，大概就可了解個大概。

顏面六相之名稱爲富相、貴相、壽相、貧賤相、孤苦相、夭相。以下我再一個一個加以解說。

一、富相——成爲富人的可能性較大之面相

富相的特徵是整個臉圓胖，無瘦骨嶙峋的部分。此面相再加上胖嘟嘟的身材更是良相。

面部之輪廓，骨格較大，再配上柔軟的皮膚，外觀予人肥頭胖耳的感覺。

面部豐肥，三亭平衡也不錯，寬濶光潤。耳朵長厚，耳垂厚大。耳部好像黏住頭部側面似的，從正面看只好看見耳之上部與耳垂部分，不能整個看見耳朵。

眉比目長，眉與眉之間寬廣。

眼之瞳仁黑大。瞳仁之三分之一隱在上瞼，白眼部分明澄，黑白分明。此表示其有分辨是非

富相

曲直之堅定性格。鼻樑豐滿、挺直、準頭圓肥、不尖。

嘴唇肥厚，閉口時口角（唇之兩端）稍向上。顎部不尖削，圓圓豐厚。使人一見就是圓胖臉之感覺。

要符合以上所舉之條件當然是最理想之富相，但這樣的人也是很少。你若能符合以上條件之七分，也就算是福相了。

富相之性格溫和，心胸寬厚。使人一見樂與之相處，而不會起衝突，不太與人相爭，但決非遲鈍。只是不顯於表面。頭腦很好，具備領導力，不分好人壞人一律容納，有雅量。

但是也不太需藉發揮自己之能力來開創人生之道路，自然會有人幫助開拓，能輕鬆地過一生。

能結交此類朋友是不錯的。

但是富相的人在使用金錢時也要注意。

富相的人卽使不努力，金錢之使用也較充裕，故使用時較不考慮限度，但也應有節制才行。

富相是很可能成爲有錢之富人。但並非說具有富相的人一定是有錢人。只是最低限度他不必爲錢操心，經濟上較充裕，而能悠哉地過生活。

若是富相的人在使用金錢時能自我節制，多爲他人着想，即多幫助人多積德，則那將更好。

總之富相的人不管遇到惡劣的環境，也能度過難關安心、悠閒渡日了。

池田大作爲日本創價學會會長，他就是典型的富相之人。幾乎已可接近滿分了。女性則以歌星櫻田淳子爲代表，而且她眉與眉之間（印堂）寬濶，可知其性格磊落大方不會小家子氣。

二、貴相——精神面重於物質面之面相

貴卽顯示氣品高，貴相與富相相比同樣是腦筋好，但令人一看卽有聰明才智不錯的感覺。面相之特徵爲皮膚很好，臉部輪廓呈長方形，雙目黑白分明，炯炯有神，但並非使人感到恐怖之目光，而是銳利之光芒。

此銳利之目光具有明辨是非善惡之能力。眉毛豐整，鼻子挺直。鼻翼不大也不小，因此鼻子很美。大約近於俊男俏女之鼻子。顴（頰骨）高圓。但不肥大。口部唇之兩端肉少，緊閉。但是笑時嘴張得很大。耳長，貴相之最大特徵爲額寬。

整個臉部均勻，不圓胖，貴相的人絕對不是肥胖型的。

性格爲善惡分明富正義感之理想主義者，秉性卽如此。個性較倔強、頑固。有時也較神經質。由於富正義感故同情弱者，有助人之憐憫心。與富相一樣對雙親較孝順。

有精神面較重於物質面之傾向。例如於事業上，較熱衷於做事，不太計較金錢之盈虧，因此不期待歛財。

但於工作及家庭上較專制，獨斷獨行。那些獨裁的企業家大多屬於貴相。故不太藉他人之助，而獨力創業。大學教授、藝術家，及各界之名人屬於貴相的很多。

貴相的缺點是不太採納別人之意見，而容易樹敵，於背後受人批評。而最大的缺點卽異性關係，容易爲情所困，尤其是中等身軀，身材美好的人更容易爲情所擾，貴相者對於此點要格外注意。

日本貴相的典型爲勝海舟，此外男性如加山雄三，石坂浩二，女性如山口百惠也均屬此典型。

大抵貴相與富相一樣均較易出人頭地成爲人上人。

三、壽相——長生之面相

壽相由文意所示卽壽命較長之面相。

此面相之特徵爲輪廓細長。而且三亭中、下亭很長，顎部堅實。臉部整體不胖也不瘦。頭之

壽相

兩角較高，臉較長爲壽相之特徵之一。

耳長但不厚，黏於頭側部似地，不能整體看到。眉比目長，眉角彎下，眉間開濶。

目非凸眼，而是細長眼。兩眼瞳仁適中，射出溫和光芒。

鼻頭較圓大，鼻樑挺直，但並非極堅挺，鼻下易生鬍鬚且濃。

口部兩唇合攏時稍帶圓狀，無貴相抿嘴時予人堅毅的感覺，特徵是嘴唇紅潤。唇爲表現肝臟、心臟疾病而顯出氣色之部位。唇紅表示內臟強健。

壽相之特徵爲面部全體輪廓細長。胖瘦適當。耳、眉、眼、鼻、唇等部位雖無特別良相，但很均勻平衡，即是五官端正、中庸之型。若是耳中生毛則爲滿分無缺之壽相。

性情溫順、明爽。如神佛之慈悲，不與人爭，順應性高。

頭腦很好，處事井然有序，但物質面之慾望不高，清心寡欲自然能長壽。

職業運有多種，但較適合做自己有興趣之工作，自由業很合適。

缺點方面，由於寡欲，較難有傑出之事業運，在公司組織中很少有爬到頂尖人物的，但也有例外，如日本的政治家三木武夫，卽是。因而企業家壽相者較少。

日本電視上的名人萩本欽一，他的上亭（額）稍窄，皺紋很多。此表示他少年時代至三〇歲生活較苦，此後由眉到目轉移運氣，三十五歲以後生活就好多了，而且下亭非常豐潤，故其爲能活過九〇歲過著舒適生活之壽相。

具有壽相的人都能渡過愉快的晚年，此爲老天賜與他所最好的禮物。

以上富相、貴相、壽相之共通點，一七四頁也會提到內相之一的「聲音」由肚裏發出，鏗然有力，清朗明晰，此爲具有這些面相的人心神安定之證據。

四、貧賤相——精神貧乏之面相

貧賤相精神面較爲貧乏。

面部輪廓較小，皮膚無光澤，不堅實。

頭小、額窄，皺紋很多。眉與眉之間狹隘，眉毛大部分遮蓋了眼，眉間狹小，有許多短皺紋。

耳薄，由正面可看見整個耳朵。卽耳朵向

外突出。目光閃爍不定，不沈着，很少鎭靜地與人正面接觸。

鼻子瘦削而尖。鼻翼很小。嘴唇小而薄。笑時口部張開不大。

貧賤相之特徵，不僅顯現在面相，由身體之動作也可看出。以下加以說明：

肩部狹小，身體皮膚粗糙，不光滑。

脚長，身體苗條，但站立時很少筆直站著。動作輕燥，無法沈着，吃食時動作快速，好像很忙碌，走路時不挺胸直走，而脚步不穩，快步地走。

性格爲神經質，心胸狹窄。慾望心很强，常與他人比較得失。容易受周圍環境之影響，言行、擧動不能一致。外貌清瘦，由於腿長身材苗條，故是俊男美女之典型。

貧賤相並非表示一生無財運，而且有時錢財反而很多。只是受到易受環境的影響，不善用金錢。見人家買汽車、買洋房，看得眼紅，自己也想達此目的之物慾心很强。

很奇怪的是富相、貴相的人若有與他人相比嫉妒之習慣時，容易變爲貧相。

例如我一位友人本是磊落大方不拘小節福相的人，由於他婚姻之錯誤娶一位帶有一個貧賤相缺點的妻子，不滿現狀常無理取鬧。而我的這位友人也受其耳濡目染，變成常發牢騷。半年後，其面相起了極大的變化，轉爲貧賤相。故面相實由人心左右，而變化。

大體來說此相的人基本上還不錯，所謂「知己知彼」此點是極重要的。若知自己爲貧賤相，應多向富相、貴相的人學習其優點，取長補短，改正自己貧賤相之缺點，則將還大有可爲。

五、孤苦相——一切事情看不開，一生孤苦之面相

此爲孤獨寂苦，漂浮不定的人之面相。

頭大，三亭之中亭、下亭部分瘦削，一見予人尖瘦的感覺。

額部雖廣但皺紋極多。耳薄、輪廓不一，顴骨尖高，眉間極端分離，無色澤，眉角向下。眉與目分離之眼瞼肉薄，欠陷。上眼瞼之大部分覆蓋著眼，狀似睡眠似的。目無光，眼角肉薄。鼻樑凸凹或彎曲不挺，口不太合攏，隙間露齒。

面相以外，喉節突出，胸廓發達，向前突出。走路之姿勢爲頭向前突出行走。

性格無常性，且頑固。無協調性，變幻莫測。

腦筋很好，夢想也很大，但與現實不平衡，一切事情看不開，通常沈默寡言，但開口卽認爲自己不行。有時在開宴會或舞會時，大家

均在狂歡，而他卻沈默坐著，突然發出謬論破壞場內氣氛，就是這種孤苦相的人。但是此種孤苦相也出現了芥川龍之介及太宰治等文豪的人才。

其最大長處卽很誠實。

六、夭相——短命之面相

此種面相較少。

整個顏面之輪廓予人薄弱的感覺，皮膚也不光潤，色澤差。

額部太陽穴凹陷。眉薄，呈八字，於面部上予人孤零零的感覺，兩眼突出眼神無光。

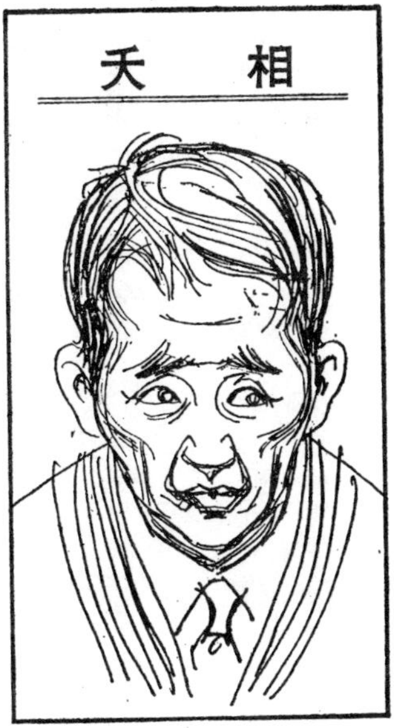

兩眉間有薄毛連著，目光遲滯無力，眉根緊縮，呈現出悲傷之表情。耳、鼻如綿似地柔軟，不堅實，予人垂鬆之感覺，頸部縮著。

走路時步伐不安定，好似醉八步。身體好像泥似的，一點也不挺實，持有此面相之女性中國稱爲「刑剋妻」。

兩眉間之氣若喪失時，死期已近。

良相因無心而變惡相

人之面相大致可分爲上述六種，總之相雖爲生命所賦之形，而生命則爲承受祖先、父母親而生於世上。

但恨父母也無用，怨天由人更不可爲。應該冷靜思考此一問題，實在說相會改變的，卽使「命」不改變，「運」也會改變（命與運的關係參看六三頁）

看相之金言爲：

『有相無心、相從心滅

有心無相、相從心生』

卽使帶有好的面相，而無善心的話，好像也從心滅。若無良相，而有善心時，會因善心，而生良相。

此爲觀相學最根本之法則。

貧賤相、孤苦相之共通性格爲自尊心强，同時自卑心也强。兩種相反心理存於一心。若是不改的話，結果將「鑽牛角尖」而抹殺了自身之運氣。

故觀相學之第一步是要「了解自己」對於讀者們，我有下列之忠告：

『物以類聚』

人是合羣之動物，而朋友之相交往往「近朱者赤近墨者黑」，故卽使富相、貴相、壽相者，誤入了壞的集團，則受其影響，自己所持之好運也會消失殆盡。故此點要特別注意。

知己知彼

他人是自己的一面鏡子，故應截長補短。貧賤相、孤苦相者，應該多向良相者學習他們之長處。此外還要從頭改造自己，消除己慾。首先要捨棄，過强之自尊心與自卑感，變成純樸的心，多向富相、貴相的人學習他們的優點。

具體而言之「卽要捨去現實社會之明爭暗鬥」，這樣才能廣結善緣，充實自身之精神面。

「對於所做的事要感到滿足」。

壽相已知是「天命」如此，而貧賤相、孤苦相者則是後知後覺。

故貧賤相者多磨練人格，孤苦相者能看得開些，自然能排除苦悶，結交友人。

物以類聚
（同類友伴的呼喚）
在相同的環境下，
總會聚集一些臭味
相投的人……

過分貪戀金錢自然變爲貧賤相、孤苦相

三年前香港的股票大幅地上漲，大家均趨之若鶩地趕熱門股以牟利。用些小錢投資卽可獲得不少利潤。

連那些有職業的人，也都在工作場所手持小型收音機，聆聽股票之漲落，電話接連不斷「買進」「賣出」地打著。

股票一天的上漲就可賺到一個月的薪水，難怪大家均捨棄正業，而去玩股票了。香港人口那時有四五〇萬，幾乎有八〇％的人均對股票著迷了。當時股票景氣很好，驚人地上昇，空辦公間全被租滿了，而且西德賓士汽車之訂購量超過好幾十倍，可見有許多人的確是發了橫財。

那時我曾到一家製衣廠去訪問，看見那些女工們並不用心地踩縫衣機，大家均在聆聽股票的漲落，心裏也隨著股票之漲落七上八下，一喜一憂。

那些人的臉上已都變成貧賤相、孤苦相了，宛如靈魂已爲財神所迷，而成爲一具具空軀罷了，實在令人感到悲哀、嘆惋。

股票急遽上昇六個月後，突然暴跌了。

爲之因而自殺者，繼續不斷，幾乎有二〇萬人發狂了，香港的精神醫院爲之額滿。心神失去

安定之恐怕由此可略見一斑。故了解自身爲孤苦相、貧賤相者，應多充實精神方面的生活。

結婚會受對方之影響而改運，且波及子孫之「命」

「運」會改變，「命」卻不會變，這就是人生。（六三頁詳述）

「婚姻」是終身大事，對於一個人之「運」大爲重要。

自己到了適婚年齡，在選擇對象時要選擇「精神面」豐裕的人如富相、貴相、壽相，或是對方能彌補自己面相上有缺失的人爲終身伴侶。

這樣結婚的話對家庭有莫大好處，大家彼此能生活在愉悅的環境中，當然並非一定物質上要豐足，精神上之充足尤爲重要，若能如此，確實就能改變你的「運」，配偶所持的「運」的確影響深遠。

例如鼻翼小，無法得貴人之助的男性，就應該選擇鼻翼豐滿的女性爲結婚對象，自然能夠開運。日本桃山時代的武將山內一豐於困危時曾受他妻子解救，我想山內一豐之妻子的鼻子由面相術來判斷，一定是鼻翼大的女性。

像這樣因配偶好運之助而解決難題之例屢見不鮮。而且最重要的是夫妻間的平衡，對於下一代也有很大影響，能改變下一代之命。

和妳在一塊，灰塵都給妳吸進去，我就安心了。
呼呼～～

●鼻翼小的男性要選擇鼻翼豐的女性，結婚後就能開運。

中國自古以來即很重視下一代之命運。若兒子不行的話，孫子一定選一位優秀的對象來結婚。

面相因心而變

人體之「體外六相」在第六章還會詳述，的確談吐、走路姿勢之良好否，影響一個人也很大，故要多模仿練習別人之好動作。還有中國的古武術「太極拳」也可多學習，太極拳不單只是武術，還具有很深的哲學性，能改變人之精神面，可說是中國人的養生之道。

孔子言：「四十而立」日本也有「四〇歲過後自己的顏面，爲自己之責任」之謂，美國之林肯也曾說過：

「人到四〇歲爲止，其顏面非本人之責任，而是雙親之責。但過了四〇歲以後之顏面，則已非雙親之責，而是本人之責任」。

此與觀相學之思想不謀而和。

面相因心而變。一直持自卑心裡的人，首先顯現在目光，然後出現在顏面。而持溫和心裡的人，則目光柔和，顏面也呈現一片祥和。

即使過著貧乏生活，而不以爲苦，能穩定支撐下去，其面相一定能改變，運氣也上昇。反之卽使物質生活豐富，而不滿足，面相卽會顯出貧相，運氣也下降。

一九歲時，我到日本留學，就讀於廣島師範（現之廣島大學），在原子彈落下前離開廣島，而回大連。第二次世界大戰結束後，中共軍與國民政府軍發生了戰鬥，動亂席捲大陸，我由北京逃出，顚沛流離，家族離散，我來到台灣又流浪到香港，渡過了孤苦的青年時代。故日本只是我第二個故鄉。

我又從香港轉居澳門，由於澳門賭場人羣雲集，正是我研究、探討各人面相之好地方。

若一國人民爲物心物欲所制將導致毀滅

一九六〇年後，香港、澳門湧入了大量日本觀光客，我也看了不少日本人之面相，日本人物質生活漸漸豐裕，由外相可知。

日本人雖比其他各國觀光客多金、富裕。由面相觀之，物質之豐足並非一定是好現象，可能會轉壞也說不定。

在石油危機之前，我又踏進了久違的日本故土。從羽田機場下降，進入日本人羣中，看見了日本人之面相雖豐裕，但卻不好。由觀相學來看是亡國之相。

依據我的推定，假若不受石油危機之衝擊，日本國民將漸漸走入毀滅之道。大家一窩蜂的只是追求物質，而精神面卻呈現出如此貧乏、空虛。

一國之國民既如此，國家那有不滅亡之道理，中國五千年來的歷史可足資證明。但日本實在是幸運之國。且日本人是聰慧的民族。

三年後，我再度來到日本，令我吃驚的是日本人之顏面已改觀了。臉上穩重、祥和，此卽精神面起了大變化之證據。

我說日本是幸運之國是通常國家隆盛後，沈迷物質，而忘掉精神面之追求，若發覺太晚，國家將導致滅亡，而日本在受石油衝擊後，得到了教訓，能開始充實精神面，使物質與精神平衡，則國勢將好轉。

對於日本國運我有些建議，卽要多「積德」。

環視東南亞許多國家均很貧瘠，貧乏浮在每人臉上，這對日本並非好現象，應該多積德，幫助這些貧窮的國家，才能使日本前積之罪惡板平。我想這對於日本人以及世界人類均有好處的。

病難能由面相預知，而加以預防

面相可由自己來改變，手相也是如此，早晚沐浴，一日一次坐禪，鍛練肉體與精神，經過半年後，生命線就會很整齊的連接著。

人的顏面上也會刻畫出其生涯命運之「相」，額部的皺紋實是顯現人生「記錄」之相。而且會在二年前、三年前顯出預告之相。

預告前會現出「氣色」，病難、災難、大禍均會經由此出現。

實在是不可思議，但並非迷信。就像胃不好時會痛，或食欲不振，醫師聽了這些症狀，看看舌頭，依舌頭的狀態，來判定症狀之程度。

中國醫學之經穴治療，能由經穴確認病狀加以治療，當吾人不健康時，臉色不好，即氣色之一。體質也是「相」之一種，因而觀相學不但能判定吾人之個性、運勢也兼及健康。

5.「命」與「運」──左右人一生的「資質」與「適時」

命是天生帶來的資質

命運之「命」與「運」首先必須分開來解釋：

命即天生不能改變的。此爲祖先及雙親所惠予之資質。就像稻的種子，只能生稻，不能變麥。竹就是竹，菩提樹就是菩提樹，此均是「命」。

由此讀者已可了解，持有稻資質而生的人決不可能變麥。這就是「命」中註定。因此自己要充分了解自己，看自己是稻或是麥。而人生之所以痛苦是因爲自己是稻而想變麥，開紅花而想變白花，即不知天命也，這樣一來將抹殺自身的運氣，而自尋苦惱了。

運即「時」「適時」也

「運」由文意所示即運搬、移動之意味。移動一定需要時間，故運所顯示的即時間。一粒稻種有一命，而此稻種變成稻時卽需要時間。一粒稻種，灑在田地，發芽、生莖、繁葉、變爲稻，左右此幾個月的生長期卽是「運」。

何時發芽，何時生葉，何時生穗才好——左右此事的卽是運。

因此運卽是「適時」，知道運，就能了解何時發芽，之「適時」。而所有的命均持有成長之「適時」。此「適時」也可說是時節，若不按時節，則花將亂開，而不能結實了。

所有生物均知命運而充實活着，不知的只有人類。

當吾人在街上步行時，常碰交通信號。若是綠燈，走過當然安全，而變黃燈時，常有人飛奔而去，就像投入各種危險中一樣。

很有可能此時就與汽車相撞，此時汽車中的人與那飛奔而來的人一定皆驚慌，而亂了心神。有些人則無論如何一定要等綠燈才穩當走過。

亂闖黃、紅燈的人一定是不知道「適時」的。運也像火車的行車時間一樣，卽使你乾急也無用，不到一定的時刻，火車是不會進站的。而你也就不能移動。故運是靜與動的適時性。

人之一生應持有適合自己「命」的時間表。

人步行時，最穩適的步行法，均有一定的速度，矮的人有矮的人之步行法，高的人有高的人之步行法，均有適時性。並非步伐大其人生就長，運在靜時應「等待」而且要冷靜的等待，只是許多人在「靜」時均焦躁不安。

靜時應如何處理，簡而言之卽不要做超出常理的事情，不要爲過分之私慾所迷。要滿足人類最低限度之生活，靜待活躍時期之到來。

令一生有緩、急之分的時間，欲速則不達，反而會縮短自身的壽命，老天賦與人之生命所以會在中途生出疾病、事故來，是因爲「適時」錯誤。

第二章　面相之基礎、部位別面相術

——耳、眉、眼、鼻、口所象徵的性格與「運」之强弱

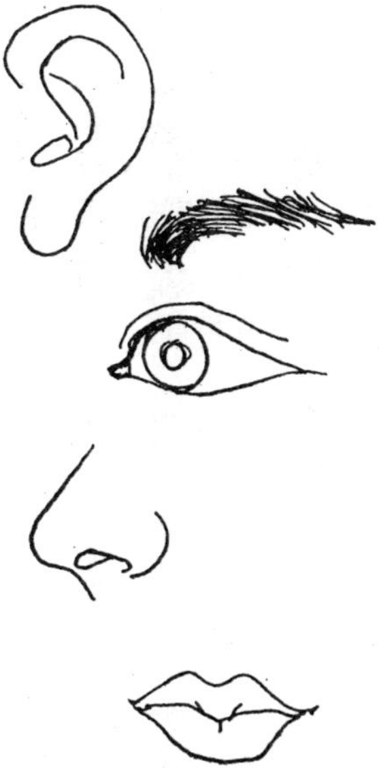

現實合理地生存

中國面相術由臉部一處之相可見其人之「命」與「運」。命在前已談過，是其人之生所擁有資質與個性，可由面相各部分之形態而見。運則是看出其人二〇歲時或五一歲時之運氣之好壞。

後者，應年齡而生運氣的看法爲痲衣、柳莊所完成體系化之相法稱爲「痲衣、柳莊相法」，在此我們先談前者「命」卽其人之資質、個性在面相部位上所顯現的不同形態。

由此面相的特色，可得了解自己、他人個性資質之三個目的。

一爲了解自身之「命」，卽知道自己的資質與天生之性格。

二爲了解自己又了解他人，而知何人可爲友，以及知道適合自己的結婚對象與工作伙伴。

三看人面相，了解他人，學其他人之優點以補自身之缺點，進而規勸他人之缺點、合理、現實地生活下去。

在此首先談耳、眉、眼、鼻、口之外形特徵所示之性格，以及各良相、惡相。

1. 耳——生涯運之象徵

耳相一生決不會變

耳相與面相其他部位不同，不會改變。面相之其他部位會因生活環境之變化及受精神生活之影響，而起變化，耳相則否。繼承雙親之血統，保持一生之形態。

此從觀相學來看當然是極有利的。因爲不管其人現在是幾歲，由此部位均可看出他天生之命運。

只是耳長在面部之側面，爲髮所蓋難看得到。因此判斷耳時，只要能判定其先天個性之大特徵，能得至某一程度之印象卽可。

由耳之形態可知母親懷孕有無中斷

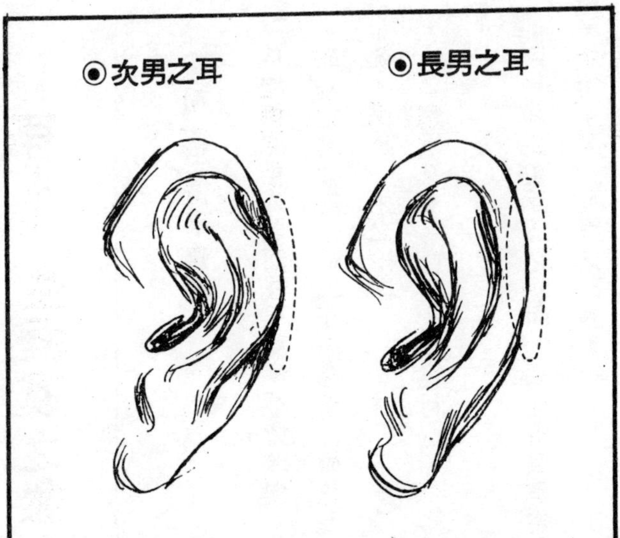

母親懷孕有無中斷流產可由兒女耳部看出。

耳最外側有外輪，內側有內郭與穴，以及風當，最下側則爲垂珠（耳垂）。

通常內郭比外輪向外突出耳相的人有不服輸的精神，骨格強健，若體力好時，有打倒對方之鬥爭心很強。因此若失去理智時，有朝向暴力的傾向。

擁有此耳相的人決不是長子。父母所生之長男、長女大概耳朵之內郭均在外輪內側，若是長子內郭向外輪突出，則他母親生他之前一定曾懷孕流產過。

由觀相學來看，女人懷有胎兒，胎兒已是一人之生命體，故流產之胎兒應算是女性之長子才對。

因此觀相學之看法是以虛歲來算的。

垂珠大的人，財運較好。但若鬆垂，用錢

就不知節制。垂珠豐滿、硬挺、色澤光潤是具有福運的人。

耳的位置在眉與鼻下端之間為良相

耳在眉線下，鼻下上之間爲良相。

以此爲基準若位置比此高，耳的形態不好（例如外輪凸凹、主尖狀、內部耳聾、垂珠非常薄等）過分追求理想，自尊心太强，此自尊心太强會導致仇恨，而使運氣下降。要特別注意。

耳之位置過低時，多是膽小、心胸窄小性格的人

與頭密著在一起之耳相能聚財。

由正面看，不能整個看見耳部，與頭密着的人多是具有福運與精力旺盛。

一代雄財之企業家多是具有此種耳相，體力好，膽量夠，且具發展大事業之手腕，因而家財萬貫。

反之，耳部向前，由正面可整個看到，若耳形好的話，承受雙親的恩惠與祖先之德庇，出入社會濶氣，生活浮華，手邊不存錢，卽福運較少。

大抵耳部平平與頭密着的人，比耳部向前的人能聽較廣音域，故感受性發達。

耳之顏色是健康的標誌

耳相之氣色也很重要。色薄、紅中透白，有光澤爲良相。表示身體健康、運好，金錢運也不錯。特別是氣色鮮明時運氣聚集，性慾也旺盛。

反之，氣色暗淡，像被煙熏得污黑時，身體營養不良，氣運衰退。

在香港，長時間無職業，生活不定的人之耳相多是如此。

此時要沈住氣，靜觀變態，補給營養，調和身體，等待運氣上昇時刻之來臨。

選擇結婚伴侶要注意耳部

日本有「耳是顯現女性之形」之謂。左圖(3)箭頭部分卽與膣形一致。據說此部分大的話，女性之膣也大，左圖(3)A之部分，全體細小，入口像壺一樣的緊密，膣亦緊密。姑且不論其眞僞，總之耳部是女性極重要之部位。

由整個面部看來耳部若小時，結婚運不好，不是離婚卽是作爲人妾。

耳垂不豐的話，丈夫運不好，作小本生意的女性大多耳垂很小。

總之耳部小的女性不是男性的合適伴侶。

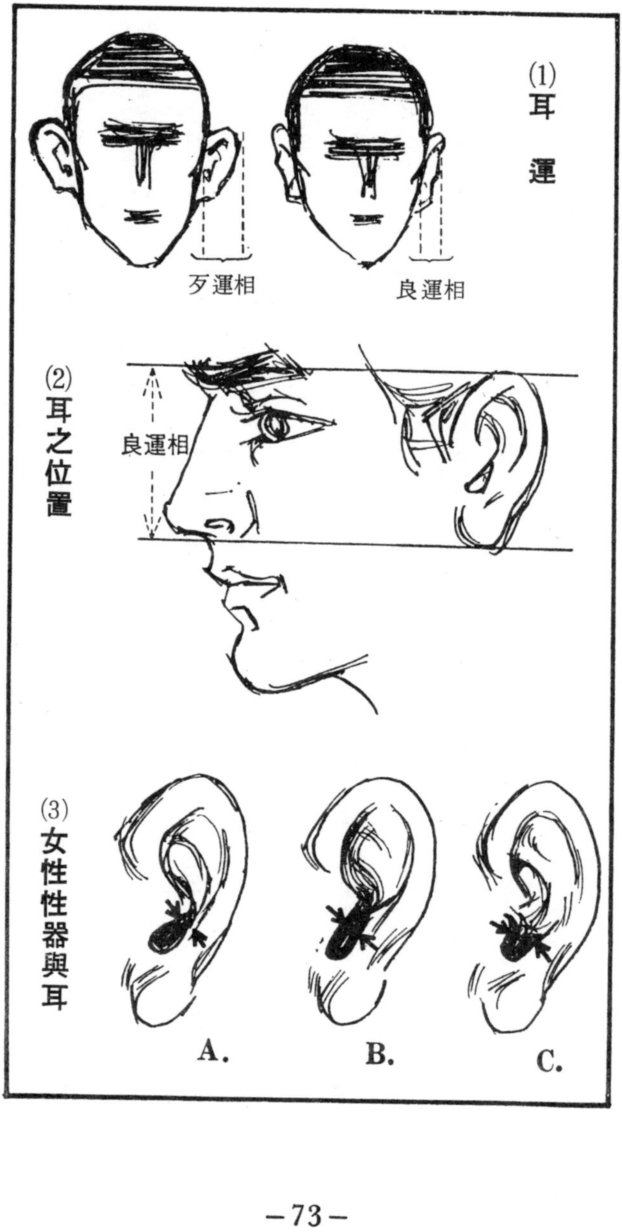

(1) 耳運
歹運相
良運相
(2) 耳之位置
良運相
(3) 女性性器與耳
A.
B.
C.

下面請看前一頁一些耳的特徵。

〈以耳判斷『命與運』〉

(1)耳之上端尖，位置比眉高之耳——

①外輪與內郭不清楚，稍微卷起，長長且硬之耳………狡滑、聰明、但不沈著，心中苦悶。與家族之緣薄弱，卽使有財產、地位也要孤獨過一生。

②耳垂尖，小耳………事事小心、膽小。心胸窄小。

由於小時生活極端不好，但往事已矣！應該多向心胸寬大之朋友學習。

(2)耳之上部大，下部小——

①耳垂極小之耳………性格爲多嘴，不能保守秘密。家庭之私事、財產全部坦白向人說，所謂「禍從口出」卽是如此，有被人奪財之危險。

②耳垂大小普通………也是直爽的性格，由於是好人，爲人所喜，但和前面之耳相一樣無法聚財。

(3)輪廓分明而薄，上下平衡，色白，垂珠肉豐之耳………明朗的性格、和善、聰明伶俐，爲女性理想的耳朵。但作爲男性的耳朵則欠缺主力與實行力。

(4)內廓朝入外輪內側之耳——

①上半部大，下半部縮窄之耳……孩提時代受父母呵護而成長，但過了十五歲就不太好了。性格外向、任性、言行不合、無誠意。

②上下平衡，耳垂白有光澤，黏於頭部之耳……性格明朗、誠實、頭腦好、有實行力。即具備福祿壽之耳，即使無財也能幸福長生過日，若眉淸目秀，能獲得社會良好地位。

(5)肉豐且厚實之耳——

①耳尖比眉高，外輪小，耳垂厚，密實之耳……爲男性理想之耳。健康、聰明、有毅力，但剛中帶柔。做事認眞，事業心强不太屬於家庭，但有大成就。對女性來說亦是良相，能將家庭管理很好，無浮氣，是典型的賢妻良母型。

②輪廓分明，耳大，耳色略帶紅潤………長命、性格質實剛健型，彬彬有禮。

另外還有一些別的特徵之耳型，觀相學將耳型共分十四類，一般人很難區分。

普通外行人只要在看相時，從正面看，覺得耳部位置不錯，只能看見耳之上端與耳垂，這樣的耳相其人心術正，性格也好，大概不是問題人物。若從正面看，上部大下部窄小則知此人「多嘴」，若耳之上端尖時，對於此類耳相的人要當心。

2.眉——表現一個人之個性

毛堅實表示有統率力、指導力

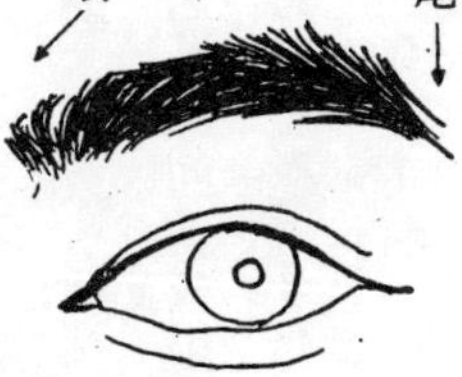

眉毛除了阻止額頭所流之汗進入眼部外，實際上無啥功用。眉毛在機能上雖無功用，但於面相學上來說卻是非常有用的部分。眉毛能明確地顯示一個人所表現之個性。

眉毛長度比眼還長且豐，眉毛細柔，毛尖方向整齊為良相。

眉毛左右環密不同，故表現出各人之個性，且個人運氣也起變動，以後在年齡別面相術（中國秘傳流年命運術）會詳述。

通常眉毛濃黑、密實，其個性較强。眉毛濃黑的人富統率力、指導力，因此有事業性。雖然細微處也有人情味，但隨著事業越大，事業心越强，有時爲了事情而翻臉無情，變成冷血動物。

政治家的眉毛均是又濃又黑，如日本首相佐藤榮作，蘇俄的總理布里滋涅夫均屬於此類型，大實業家之眉毛也大都是又濃又黑。

只是眉毛雖濃黑，若倒豎或短小，以及濃淡不勻，則一生富於波亂，要享有天壽可能很困難，前面所提的李小龍郎屬於此。

若眉毛薄，毛質柔，則個性溫和、腼腆。但眉毛越稀薄時，過分腼腆，不太與人對抗，個性就變懦弱。無事業心，變成女性似的性格，眉毛過於淡薄時，中年後活力、精氣消失，無法長壽。

眉毛長而豐的人大概均能長壽。

女性剛毛成爲毒婦之可能性很大

第三章會談到年齡別面相術，由眉毛可知三十一歲到三十四歲之運勢，眉根處只有毛幾根，倒豎的人，三一、二歲一定有波亂，與眉尾中斷者，均要特別小心。

眉毛與眉毛連在一起，若連得越濃的話，個性神經質，自我想不開，而走入迷路，導致自殺者很多。

此相的人在二〇歲前後，三十一、二歲時不要太考慮現實生活，應安心、快樂悠閒地過日才好。

歌星西城秀樹，很受女歌迷歡迎，他的眉毛左右間隔不寬，具有內向性格，我建議他最好顯示眉毛運氣的三一歲至三五歲之間，生活不要有太大變化。

女性的眉毛最好不要太濃厚，薄薄地，眉毛柔軟，最好。

中國人謂女性眉毛濃粗硬實，像男性似的女性爲「最毒心之婦人」，有迫害男人之可能。卽使不如此，其個性必定很强，無法平靜地過一生。

〈由眉判斷『命與運』〉

(1)輕清眉

此類眉毛，稍微彎曲，不呈角狀，只是稍微向上。長度比眼長，眉毛不濃不淡。毛質整齊，一見使人感到清爽，是很好的眉毛。

長於社交，性格柔和，但亦可保持中庸。若遇到好朋友及前輩提拔的話，容易成功。

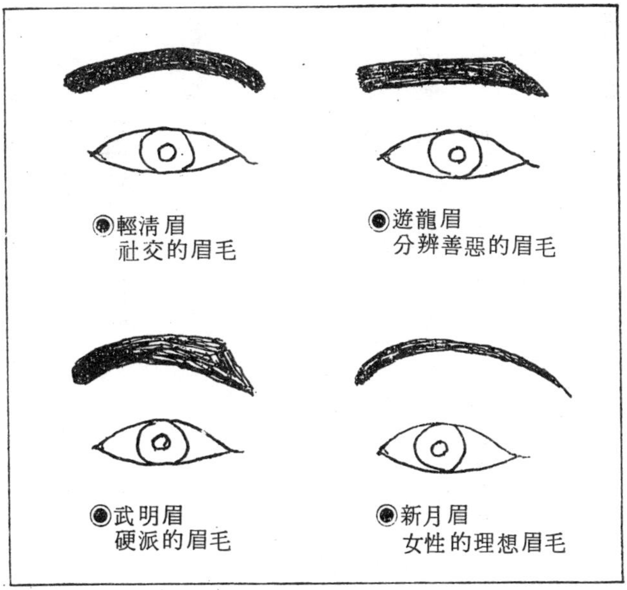

(2) 遊龍眉

龍遊天空似的眉毛。此種眉毛眉線工整，眉毛稍寬，眉尾上角像小刀似的尖下。毛質黑光潤，比眼長，和眼部平行。是秀麗的眉毛，個性聰明勇敢，正邪分明，具有敏捷之行動力。

此種眉毛若稍粗，像長刀一樣稍微彎曲，眉角向上予人眉秀的感覺，毛質稍硬實，明星石坂浩二的眉毛就屬於此類，稱爲「武明眉」。

聰明、富行動力、指導力，在公司一定是經理級以上人員，兄弟愛雖強，但緣薄，離鄉獨自一人發展前途。工作性質適於剛强似的商業。能得美妻，故石坂浩二若從事建築、鐵鋼之事業更能發展。

比遊龍眉稍短些，眉毛寬，如刀似的稱銀

河眉。長度與眼齊，或稍長些，少許濃淡不一。性格溫和、堅實，處事能力强，有人情味，女性也有這種眉毛。

此外與遊龍眉型式一樣但眉尾向上，一見予人敏銳的感覺，稱爲縱心眉，勇敢、不服輸、頭腦好，具有獨斷性格的傾向。

(3) 新月眉

眉像新月一樣，眉角朝向鬢角，毛質細柔、光潤，令人一見有清爽之感。具有此眉相者，非常溫柔，有順應性，心胸廣，樂天，爲女性理想之眉。

新月眉彎曲之頂點稍移向眉尾，眉形較寬大，卽爲柳葉眉，毛質比新月眉稍硬濃，有光澤，稍帶濃淡。眉目分明，距離稍寬。

具有此眉相者，個性比新月眉者强，溫和、聰明、多情，深知世間人情義理，富研究心。子運也好，結婚後能好好照顧丈夫、兒女。也是女性理想之眉。

(4) 春心眉

兩眉之間寬廣，眉尾比眉頭稍向下而長，眼與眉之間也寬濶，眉毛細，毛質柔整。

聰明，樂天派。但眉尾越向下時較缺乏自信，拿不定主意，游移不定。

女性若具有此眉，容易受人誘惑。意志較薄弱，男女均較風流。但尚不致於做出傷害他人之事。

(5) 新縮眉

眉毛寬大，稍微彎曲。毛質不佳，濃淡不勻。眉之兩端鬆弛，長度比眼短，眉尾薄。

有自信、能力亦强，但性情易變，做事只有三分熱度，無法持續。自卑心强，孤獨，道德心薄弱故易犯罪。

比新縮眉更寬大，濃毛且比眼短，眉毛工整但眉尾則散開，眉與眼之間分離，稱爲促秀眉。

頭腦好，能力强，急躁。大致說來人還不壞，生活狀況良好時待人很好，能表現出性格之優點，但運氣壞時則易被人欺騙或喪失自信。

(6) 斷心眉

眉頭狹窄，眉尾分散寬大。毛質硬固密集，到尾部後突然散開。

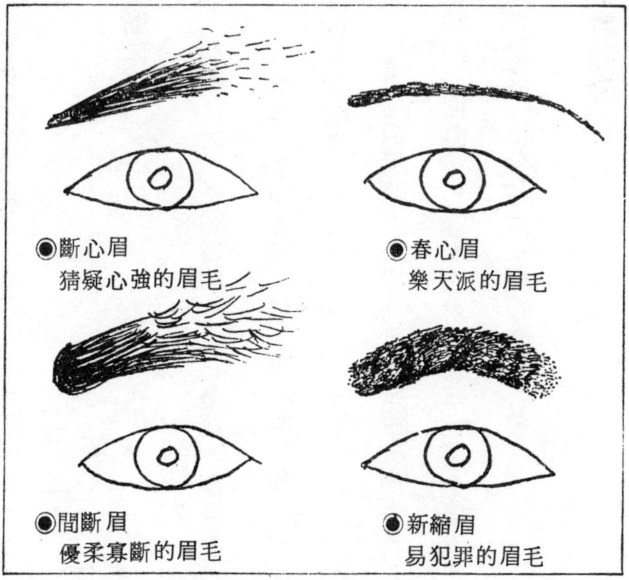

有能力、冒險心、賭博心亦强。做事剛開始衝勁十足，但無人情，猜疑心强，故友人運薄弱。可能有一時期，事業不錯，亦有錢財，但突然之間就不行了。

若不從修養身心著手，人生之結局悲慘。頭腦好但自卑心與自尊心强，此矛盾性格若不改則沒辦法了。

與斷心眉類似，但眉之後半無劇烈地散開，稍微雜亂稱爲間斷眉。眉頭較圓寬，不像斷心眉，眉尾往上吊。

性格溫和，氣性較不激烈，但優柔寡斷，心情不定，使家人添麻煩，無法立刻走向人生道路。

以上列舉一些異型的眉毛，任何人之眉毛大都混雜著優劣點，大家應互相指摘改正，以過幸福之人生。

3. 眼——正、邪、淫之顯著表現

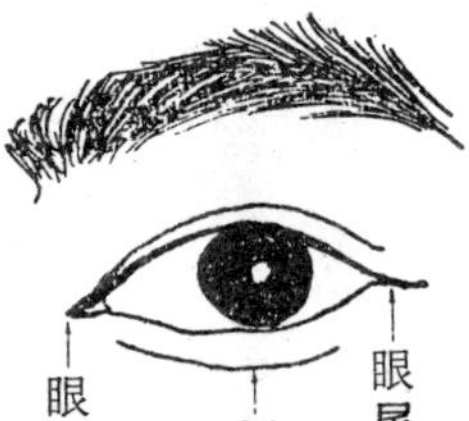

眼之種類有三十四種

人與人見面時，最先看到的就是眼睛。故「目即人心」，中國也有謂「最會說話的是眼睛」。因爲看到眼睛後，大致可了解其人之心是否溫善，且面貌是否漂亮。

我研究面相三〇年，最注重的也是眼睛。

我家位於澳門賭博場之附近，並非我酷好賭博而選擇此地，因爲我想在賭博場及娛樂場所徹底觀察每位男女之眼睛。

眼大約可分三十四類，看眼時最重要的就是注意「目光」。

好的眼睛有神氣，即精神飽滿。

有神氣之眼「身體健壯，心理也健康」，眼光充滿活力，有神，故爲良相。

若眼光軟弱，卽使眼形美麗也無用，行爲輕率，無自信心，也無氣力。反之縱然眼睛小些，但目光有神，則充滿活力，精神旺盛。

但是雖目光有神，而所露出者爲使人寒慄之「兇光」，也不好，兇光殺氣重，危險多，自非良相。

「兇光」在比賽或運動時，則有些益處。巨人隊全壘打王王貞治選手之目光卽是如此，但是他一離開球場返回家時，我想他的兇光一定收斂了，因爲他家庭圓滿全無風波。

一般來說眼光還是以和氣、親切爲良相。

大眼爲陽性、小眼爲陰性

大眼睛的人之個性爲陽性。爽朗，長於社交，口舌爽利，許多人樂於與之來往。但是也有些人缺乏實行力。而且由於來往的人太多必須愼重注意他們的品格。

由女明星轉爲政治界的山口淑子議員。她就是長於外交，人緣不錯富於陽性的女性，只要有她在的場合，周圍氣氛，就變爲明爽。她最顯著之特徵就是有一對大眼睛。而且眉與眉之間寬濶，由此也顯現出她心胸之寬廣，爲富於社交性之人才。

但以女性而言，其缺乏陰性，並非說她不像女性，由她的肌膚可見是典型冰肌玉骨，皮膚細

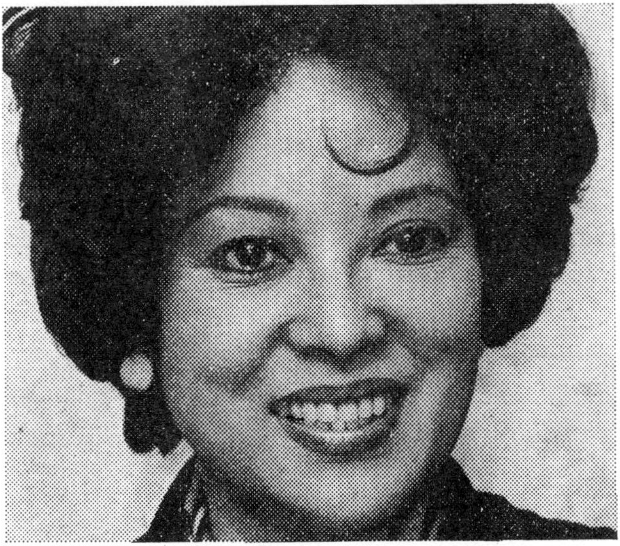

山口淑子議員長於社交

緻的女人，我所說的陰性是指她之「命」不屬於家庭主婦型的女性。

相對的眼睛小的人個性屬於陰性。較消極，常常觀察周圍，衡量行動，處處過分小心反而較難獲得大成就。但性格較堅實。

凸眼的人大致可分二種類型

上眼瞼肉薄，只有眼球突出者膽小，欠缺活力，無法持續到最後，即所謂曖昧性格的人。

上眼瞼肉豐滿而眼球突出者爲精力旺盛者。有時會過分大膽。雖有意志力與說服力，但不會用人，爲獨立做生意者或自由業者之眼睛。

眼部深凹的人，對處理人際關係的工作無法得心應手，拙嘴笨腮，欠缺吸引他人的魅力，膽小細心，對於處理麻煩之事耐力不錯。由於按步就般努力的結果，最後終能開創自己的道路，學者及藝術家多帶有此種眼睛。

由眼光之移動猜出對方的性格

看人眼睛，想要猜出對方之性格，最重要的就是注意「眼之移動」。

對事情有所隱瞞或說謊者之瞳孔慌張骨碌地轉動，不沈着。中國人稱此爲「賊眼」。瞳孔的移動較少，大方穩重地正視對方爲良相。

目光移動較快者，猜測人心較快，但易受感情支配，頭腦不錯，不過不易獲得大成就。

反之目光移動遲鈍的人對於味道、皮膚之感覺較遲鈍，喜怒哀樂之風波少，心腸惡的人較少。

眼球頻繁地左右轉動是心動搖，或警戒的表示。若有此習慣的人做起事來無法有條不紊，缺乏信念與思想，無法成大事。

有時眼睛往下看，又有時偷偷地往上看，是內心持有奸計的證據。

小時候頑皮搗蛋，不敢看父母親眼神的經驗，我想大家均曾經有過。此種畏懼之眼神，就是內心隱瞞之證據。若持有此種眼神者，自卑心較强。對於人之喜歡與憎恨心較强，若爲友則愛之入骨，若爲敵則恨之入骨。

眼睛時常左右不穩定地轉動的人不是精明性格的人。當然也不是工作上依賴的好伙伴，膽小、小心、心腸還不錯，只是不能成大事，但也不會做壞事。

眼神只是向下左右轉動的人要當心，一生保持秘密之意志力很强，常隱瞞其兇暴性。

在談話中，一點也不看對方的眼睛，只是往下看的人，自尊心高，同時自卑心也很强，不信用別人，無法長期與之交往。

眨眼次數多的人是神經質、緊張性格的人。言行不一致，頭腦雖好，但屬於自我毀滅之個性。

眼部轉動之習慣若能改正的話，個性也會變。

濕潤的眼睛，下眼瞼與眼球之間顯出水零零似的，是有一番轟轟烈烈戀情之相，若非如此則是歇斯底里性格，精神上有所欠陷，要特別注意。

眼角之皺紋與下眼瞼呈現惡色是好色之相

眼以黑白分明爲良相。卽前面所述的善惡分明之眼，瞳孔黑大爲貴相。祖先很好，瞳孔越小個性有越强之傾向。

瞳孔的顏色一樣，由黑色至茶色、黃色，顏色越薄個性越强，變成頑固之性格。

白眼珠帶黃色時，卽使不是生病，肉體、精神上的生活也很苦，或是有過艱苦之經驗。白眼珠略帶藍色，若藍色非常分明時，也是歇斯底里性格的人，若帶紅色血絲，是精神混亂、疲勞之象

徵。

像落淚似的惺忪眼是受到相當打擊之證據。若一直帶有此種眼睛的話，多情，會因異性問題而招致破滅。

眉與上眼瞼之間若瘦陷或帶黑痣的話，子運不好。

皮膚之色澤帶黑的人慾望較深，內心骯髒。因淫亂而身敗名裂的人均具有此相。

眼角之魚尾笑時皺紋出現者較輕浮。年輕人若是到了三十歲魚尾紋仍未出現的人爲好色者。黑痣出現於魚尾者亦是好色之相。魚尾變黑，呈現不健康之顏色的人精神生活較不幸。到極端時會自暴自棄。

下眼瞼之下的淚堂（即前述的男女宮之處）若豐滿，色澤亦不錯的話性生活美滿，子運不錯。

反之淚堂不豐的話，結婚生活無法美滿，有離婚之經驗，例如若尾文子、梓道，女明星及歌星常有此種相。

淚堂的顏色若不好時，一定是性事過度，也是具有好色性格者，不知何時可能運道會變壞要特別注意。

下眼瞼下若呈現藍色為妊娠之相，屬吉相。

〈由眼判斷『命與運』〉

(1) 伏犀眼

瞳孔黑大在正中，與白眼珠分明，瞳孔未完全露出，只有三分一出現，一半隱藏著。予人睡眼似的感覺，因此以犀牛打盹似的眼睛來形容。但瞳孔柔和，放出穩靜光芒，是非常漂亮的眼睛。

男女擁有此種眼睛均不錯。

性格善惡分明，行動始終一貫，避免不良之誘惑。聰明、溫和、心地好，福祿壽俱全。

具有此目相的男性能出人頭地，獲得成功。

女性是屬於賢妻良母型，相夫教子，過幸福美滿的生活。

與伏犀眼相似的有「睡鳳眼」，與伏犀不同者在於眼瞼，睡鳳眼爲深長目。瞳孔也是一半隱著，歌星山口百惠之眼部卽屬於此種類型。

性格也是正直溫和、聰明，但與伏犀眼相比自我主張較强，故會樹敵，但基本上仍圓滿，名、利雙收。

另外一種爲「孔雀眼」也是深長目，瞳孔位置由眼之中央稍移。

性質與伏犀眼、睡鳳眼相同，有怯生的趨勢，怕見生人，但於人際關係上較熱情，與此種眼相者結婚，夫婦相合，像過新婚生活似的，爲女性理想之眼相。

以上的人之眼相雖如睡眼，看似魯鈍，但看人一眼就能看透人心，具有優異的洞察力。

⑵ 鹿　眼

上眼瞼之中央稍尖，瞳孔在眼之中心，予人全體稍爲露出感。

富正義感，情義穩固。具敏捷行動力，對朋友信義淳厚，朋友有困難，立刻伸手援助，有時難免吃虧，而損失。

但爲人果斷，看得開，故卽使吃虧也不爲所苦。是工作上的好伙伴，若與之爲友可予以最高信賴。

與鹿眼性格相似之眼爲「鵲眼」，瞳孔在眼的中心，深長眼，品性好，情義也穩固，性格溫和，但較嚴肅，有時對自我或別人之要求較嚴，日本作家吉行淳之介就是此種眼相。

鹿眼與鵲眼頭腦均明晰。

(3) **燕　眼**

瞳孔在眼正中，稍小、眼角稍往上，瞳孔上部一半或三分之一隱著，狀似燕的眼睛。信義非常淳厚，情義穩固。但有時正邪不分因而交到惡友，於人生道路上就有了危險。因此要多結交正直，心術正的朋友，若入惡道，眼會帶兇光，要特別注意。子運不好，兒女不能依賴。

與燕眼類似的爲「瑞鳳眼」。眼角比燕眼更優美地往上翹，予人「眼角向上之目」的感覺，瞳孔也稍在眼中央，若爲女性的眼相，非常具魅力，男人容易被迷住，歌星歐陽菲菲就是具有此種眼相。

品性溫和，但有時難免欠思慮，冒險心强，容易受人誘惑，若變惡的話，嫉妬心强，及帶兇暴性，故結交朋友要特別注意，不要走入惡途，男子容易變爲好色者，子運不好。

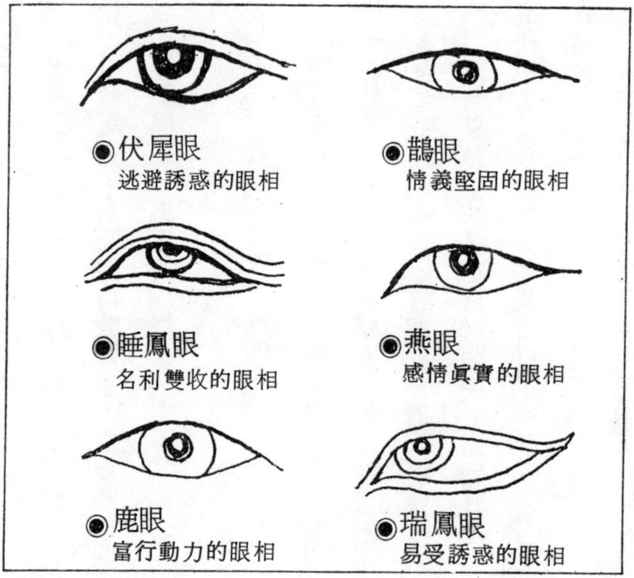

燕眼、瑞鳳眼應該選擇益友而交，特別是瑞鳳眼的女性具魅力，在人生道上行走要特別小心，即能過良好生活，否則一失足成千古恨，將走入悲慘境界。

(4)魚　眼

像鈴璫一樣地大大的張開，瞳孔大，但與伏犀眼不同，瞳孔與眼瞼像目睜直時似的分離。眼大而美，女性若具有此種眼相，具有吸引男性之魅力，但非良相。

雖有深慮之力，但無善惡之分，缺乏行動力。感性魯鈍，自尊心强，行動有頭無尾，只照自己一時心血來潮做事，具有傲慢自我分裂症的性格。心情好時人也好，壞時對人憤恨交加，不知會做出何種事來。女性之場合就像受傷動物似的狂暴，目露兇光，不顧一切傷人。

與魚眼相似的爲「猫眼」，不像魚眼之眼瞼與瞳之間有間隙，其大瞳孔之上下與眼瞼相接，瞳孔美麗。

猫眼者，幼時生活不錯，故性情溫和，頭腦很好，具神經質，自我意識較強，故不能看開，少女時代雖不錯，但到成人之過程中若受各種打擊損傷的話，性格會變，固執、傲慢，終失自我，要特別注意。

外表眼部美麗，故多成爲女明星與優秀人才。但若對金錢過分計較、固執，不久會目露兇光，目中無人威嚇他人，而無人與之親近。

故晚年生活將較寂寞，那些女星及有才幹的人有許多人晚年落寞，均是由於帶有此種眼相。

我一位好朋友的女兒，女是帶有此種眼相的女性，她一直想當電影明星，後來我和她見面後，發現她的確很美，但我告戒她死了這條心，並分析原因給她聽。經過五年後她結婚生子了，再次見面時，我吃了一驚，原來她之眼相已近似伏犀眼，瞳孔由上眼瞼，稍降低。發出柔和的光芒。

故猫眼在選擇人生道路時要特別小心。

目卽是心，只要能從心修養起，人生也會改變的。

現在有許多女性去整形而變成魚眼、猫眼的很多，像這樣眼改變時，必定自我意識變強，實在令人遺憾。結果晚年一定不好，故我奉勸整形的女性多注意心之修養，才能積德，得幸福。

(5) **下三白眼**

瞳孔下離開眼瞼，卽所謂「三白眼」。

性格爲自私主義者。頭腦的好壞與瞳孔成比例。大的頭腦好，小的欠思慮。因而狂暴性越强，信念强，因而別人之言不能入耳。信念强，頭腦亦好的話，做事能力不錯，但終歸不成，所受的打擊與傷害愈深，心越變越壞。

三白眼的人由於主觀力敏銳，若要成功必須與他人協調才行，或是做作家、藝術家等無必要與他人協調之工作，或許會成功。

在人羣聚集之社會欠缺非常重要的協調性，爲其缺點之一。

三白眼系列中有「上三白眼」「四白眼」「一白眼」。

上三白眼，瞳孔與下眼瞼連接。自卑心、自尊心强，心亦狠毒，欠缺同情心。男性離家流浪，渡過波亂萬丈的人生。女性嫉妬心强，猜疑心重，與人不合。

四白眼者瞳孔比魚眼小。瞳孔四方可見白眼。四白眼眼球突出時，個性更强。男女具有此眼相者性格皆狂暴，心亦狠毒、淫亂。將帶禍給一家，卽使聚財也不得善終。

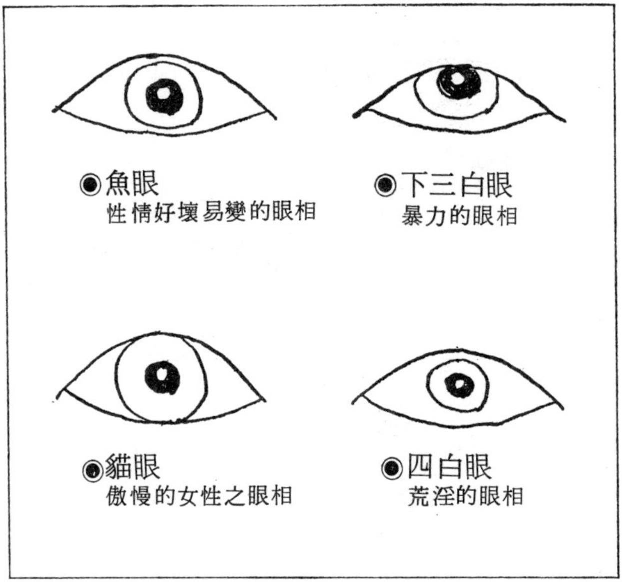

一白眼者瞳孔較大。瞳孔集在目之一方，白眼只有一方能看見，頭腦很好，狡滑、奸詐，自卑心强，小心謹愼，吝嗇。男女皆荒淫。但長壽。

與三白眼性格類似的有「狼眼」與「豬眼」。

狼眼卽狼之眼睛。比三白眼目長，瞳仁露兇光，眼光敏銳，像要射穿人心似的。頭腦很好，信念很强，不通人情，因此常與人發生衝突，多死於非命。

豬眼與三白眼不同，瞳孔大，眼也大。像豬的眼睛，形狀與魚眼類似，白眼帶黃色有紅色血絲，眼珠突出，欠思慮、狂暴，最後終於死於非命，不得善終。

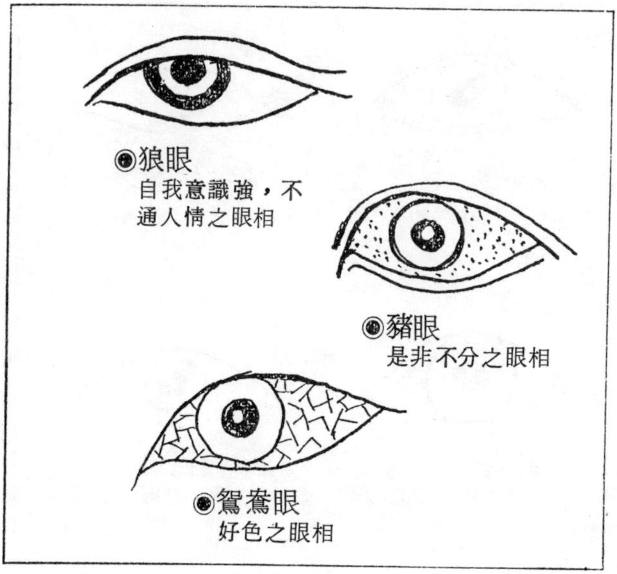

⑹鴛鴦眼

外眼角稍為向上，瞳孔黑大。令人一見就覺得非常漂亮的眼睛，白眼處有微細血絲為其特徵。

品性不錯，聰明，名利雙收，只是有點好色，性的方面常不能滿足，由於頭腦好，做事能力強，又有人望，故尚能彌補此缺點，男性常常有三妻四妾，卻能控制得很好。

女性的話除了丈夫外又有情夫。但卻不會攪亂生活。

鴛鴦眼之白眼部分顯著變紅時稱「桃花眼」此為多淫之相，也是好色，男女為了「色」字卽使身敗名裂也在所不惜。

在第四章我會再詳述，眼神是會變化的。

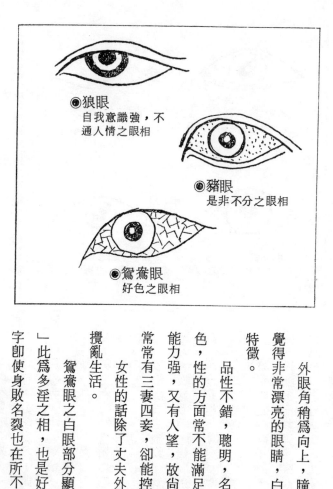

眼神一變的話，心就會變，心變的話，眼神也就會變，好的眼光會帶來好運，而走向人生之正途。

4.鼻——「男人」之象徵

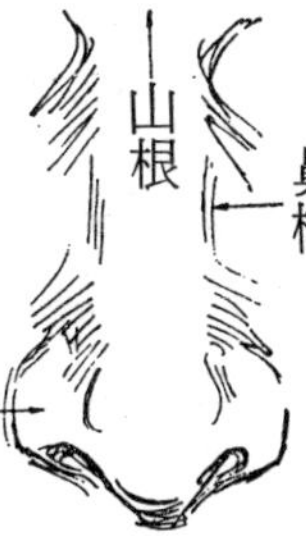

鼻樑之長短與心胸之寬窄

鼻對男性之一生前途來說是非常重要的部位。觀鼻可知男性一生如何開運，大抵錯不了。

鼻子富於氣勢者，精力旺盛，性生活亦强，故鼻可說最男性化之部位之一。

鼻樑高挺由眉間中央直下，爲良相，心術正。

鼻子豐圓者，一生運氣很强。

鼻子雖平坦但鼻翼左右張開，鼻樑寬廣，鼻肉豐盈者亦是良相運。

鼻子大的人自尊心强，具有判斷證實的能力。但由整個臉上平衡看來，鼻子過於高大時，自尊心過强而欠缺協調性。鼻子小，鼻翼亦小者欠缺體力、氣力，不太可依靠。

鼻長之標準爲顏面長之三分之一。若比此長度更長的話，缺乏融通性，不圓滑，過於嚴肅，品格高尚，中規中矩之性格，責任心强，是伙伴可信賴之對象。

短鼻的人具有融通性，性格爽快的人。考慮計畫事物則不太擅長，但與友人交往是能逗人樂很好相處的人。

山根高的人自尊心强，往往與人意見不合，故難與之親近。山根低者具神經質，膽小之性格，一旦有事時難與之共患難。

山根狹窄者眉與眉之間亦窄，對事情的看法亦狹隘，心胸狹小，爲保守之性格，容易養成自我主義之個性。

人中（鼻下）長的人非好色而是長壽之相

鼻樑向右彎曲者容易爲異性之甜言蜜語所騙，男性爲「女難之相」，女性爲「男難之相」，反之向左彎曲者性好賭博。

鼻子一直抽搐的人，若非感冒，到中年時要注意，時常抽搐者，性情焦躁，欠思慮，故做事容易失敗。

鼻孔大的人心胸廣，但由臉部平衡看來過大時，太過於慷慨，晚年落寞，鼻孔小的人，吝嗇，不夠大方。

鼻之顏色以明朗、光潤爲優，若暗黑則欠缺體力，經濟拮据，即使鼻形很好也無福運。

鼻子全紅色的人無財運，很難打開生活之道。飲酒後鼻頭變紅時，肝臟有問題，鼻子若突然變紅，可能是內臟不良之前兆。

由臉之橫側看不見山根者（比眼低）四〇歲要特別注意身體，可能會有疾病，若極端低的話，可能有要動危及生命之大手術的疾病。像這類鼻相的人最好學習太極拳以養精氣。

女性若鼻子挺拔，頭腦好，事業心强，會有成就，做平凡家庭主婦較難。

但夫婦最好陰陽能平衡，若女性鼻子挺拔屬於陽性時，最好與鼻子不太出色屬陰性之男性結婚，這樣即使女性主權在握，家中也會幸福的，並非一定要依據古來，夫屬陽，妻屬陰之看法。

但以傳統觀點看來女性鼻之良相爲「優雅可愛而圓潤之相夫鼻」，溫柔、可愛美麗之鼻子與丈夫非常相配。

在日本有謂「鼻下（人中）長的人好色」，但中國自古以來就以鼻下長的人爲長壽、有財之相。

鼻翼爲聚財之地，大時會得人之助，且能聚財。小時未得貴人之助，且花錢大方，缺少財運。

〈由鼻判斷『命與運』〉

(1) 通天鼻

山根不低，鼻樑挺拔，鼻高者。

左右之鼻翼豐圓，鼻樑亦厚，由正面看不見鼻孔。

爲男性理想之鼻相也是「天下一人」之鼻。此種鼻相較少。品性良好，中庸之性格，無懈可擊。以此爲基準再談其他鼻相。

與通天鼻相比山根較平穩，或許稍凹，爲現實社會中較可見之理想鼻相稱「君子鼻」。

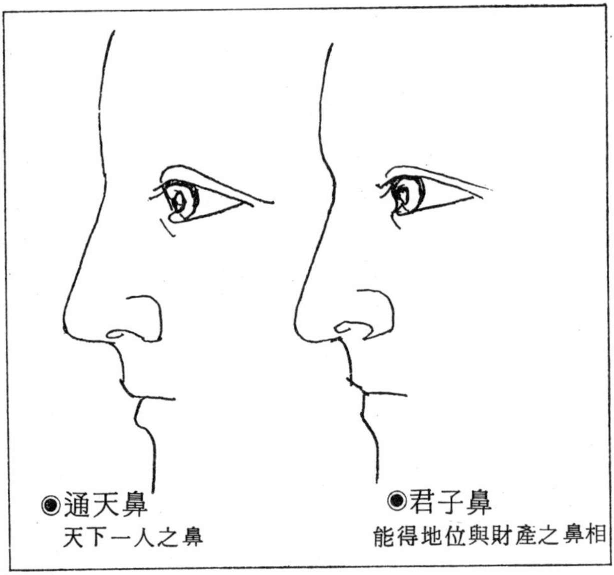

鼻樑也厚，鼻肉豐隆，無瘦削感，鼻頭稍豐圓，鼻翼張開，由正面看山根較廣，看不見鼻孔。

君子鼻之性格為正直，富正義感，聰明，能體恤弱者，有人情味，能娶美麗賢慧的老婆，名利皆可得，少年時期幸福，中年後更有大的發展。

由橫側看與通天鼻很近似。由額到鼻尖，山根不凹陷之鼻稱為「守本鼻」，由正面看鼻尖稍微尖些，鼻樑也稍細點。

鼻翼稍向內側，不是鼻孔。常是美男子可見之鼻子，守本是遵守原則之意，性格聰明、富勇氣，家雖有些恆產，但也不是非常富有，與君子鼻不同者，為有卓越的大膽心，無視安危，徹底去做的激烈性格。

因此在軍隊、官僚、政治家的場合中更能發揮，能衝破危險，終獲成功，能得美妻與賢子。但財富則不達到富豪之階級。

由於性格較激烈，故有時難免不通人情而樹敵，失敗就失敗了決不後悔，故並不軟弱。

另外有一種男性之鼻爲「天胆鼻」，山根某處較高，突然凹下，鼻樑高，由正面看也看不見鼻孔，天胆鼻之形態近似被吊的牛猪之胆臟一樣之形態。

與君子鼻不同處在於生時卽未得優越財富之環境，端靠自己赤手空拳打天下，終於開創自己之前途。

也是聰明、大胆之性格，什麼均敢做，終獲成功。中年時代，身體稍微弱點，不要逞强做大事。能得賢妻，但與兄弟緣薄。

以上之鼻相的共同弱點爲女人，容易受女性情感牽掛，而爲所騙。

(2) 鷹嘴鼻

像鷹嘴似的鼻樑彎曲，鼻尖如鈎似的尖削。卽所謂鷲鼻，若此鼻再加上三白眼，女性最好不要接近。鷲鼻之個性爲自私主義者，再加上三白眼的話，只會利用朋友，而非常無情，直觀力很敏銳，頭腦亦好，在商場上堪稱能手，算計高，但卽使獲得財富，晚年仍很寂寞，不得人望。

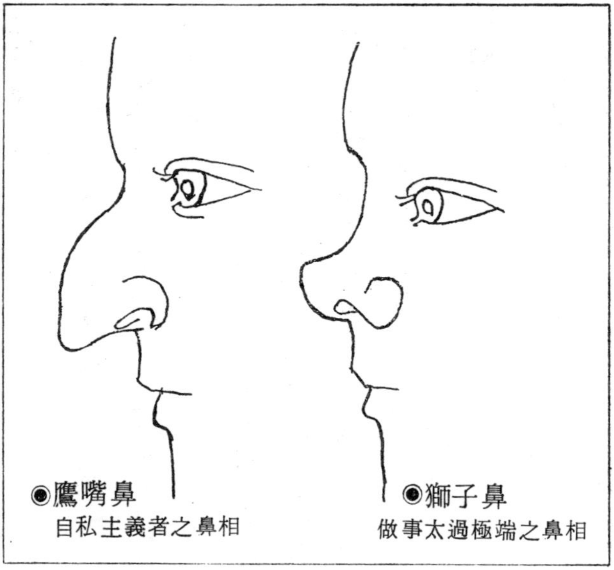

鷲鼻若鼻樑無肉，無財富，也無朋友，非常孤獨。

與鷲鼻非常相似者爲「開風鼻」。

比鷲鼻山根更高，鼻尖不太尖，開風鼻之大特徵爲由橫面看來鼻翼吊著，大鼻孔可見，當然從正面看可見鼻孔，由於鼻孔大，鼻毛亦可見。

具有此相者，家庭環境不錯，少年期多能舒適地成長。性格是自尊心强，好勝心亦强，少年時期，什麼均想得第一。而的確少年時候頭腦亦好，故有得第一之能力。

但成人後，尤其到了中年以後，事事就不能如願了。少年時期之自信、大胆，漸漸消失，到了晚年全部消失。

「過猶不及」因此若能多聽人勸告，不要

太固執，就能盡量避免災禍，若是不能如此的話，親兄弟、六親皆背離。

(3)獅子鼻

山根凹下，鼻亦短，鼻樑如弓似的彎曲，成「石獅子鼻」鼻樑長時，則成「草獅子鼻」。特徵爲鼻翼兩側大大張開，由正面可見鼻穴，性格爲陽性，性急、具實行力，但做事太過極端爲其缺點。

石獅子鼻日本人較少，具蠻勇有爲軍人之傾向。

草獅子鼻日本人較多，性情激烈，具行動力，有一時可能財富會進來，但到中年後好運下降。因此以行動力所得之財富到四十歲，五〇歲後應守成，這樣就能避免晚年失去財富之命運。

由於易於走極端，故應學中庸之道。

(4)三灣鼻

山根低，鼻樑左右稍見彎曲。

具行動力，也有能力。但由於少年期環境不好，故心術較差，常有考慮眼前利益之習慣。少年期能熬過艱難的話，至青年期後半到三〇歲時，漸活躍。

但進入四〇歲後，漸不順，將過波折之人生，此時漸好色，無法早婚，是晚婚者，且得子較遲。

與草獅子鼻一樣，到三〇歲後應守成，顧自己及家庭，過著平靜之生活，或許能避免不幸之事。

由三灣鼻演變的有「怪性鼻」，三灣鼻正中高的地方，至鼻尖、凹下、鼻尖小，好像鼻子被壓壞似的。

幼兒時生活環境好，少年時代奠定處事之基礎，頭腦反應力好，具實行力，但有怯生之傾向，中年亦孤獨，但到晚年稍微狀況轉好。

在手工藝方面具有獨特技巧，心情不定，精力旺盛，好色，外國人多富此種鼻相。

⑸鹿　鼻

山根、鼻樑稍低，鼻尖高稍爲豐圓，色澤不錯，鼻孔由正面看不到。

性情溫和，具信義，重感情，頭腦好。圓滑、優柔寡斷，決斷力魯鈍，厭惡與人爭，感情用事。即使生活困苦，必得貴人相助，雖無法聚財富，但不愁吃、穿、住、長壽，能享天年。

鹿鼻的人在選擇對象時要特別注意，與個性太強的人結婚，會失去平衡，與心地善良溫柔者結婚，相得益彰，享受快樂人生。

據我觀察，日本較溫和的大都是具有鹿鼻的人。與鹿鼻相似爲「孤峰鼻」，山根、鼻樑稍低，鼻尖高。

鹿鼻與孤峰鼻之不同在於鼻尖，鹿鼻鼻尖較圓，鹿鼻由横面看鼻尖較尖。由水門事件想到被三振出局的美國總統尼克森之鼻也是此類。

與家族緣薄，獨立創業，具忍耐力、利口、眼光亦銳利、猜疑心重、心胸狹窄、無法信任他人。三十歲前後還不錯，但到中年後必須守成，否則被孤立而失敗。

由於富探究心與忍耐力，若作爲學者容易成功，也是非常好色的人。

⑹無能鼻

西歐迷人的女性多具有此種鼻相。

山根低、鼻樑短、鼻尖豐圓向上、鼻翼肉薄，由正面可見鼻孔。

性格內向、軟弱、行動敏感，喜追求時尚，性情易變，缺乏信念，爲鼻中最好色者。

具魅力，但若爲男子則不可信賴，作爲女性鼻子還算色相，因爲女性本較無能，且感性較優。淺丘流璃子卽是此鼻相。

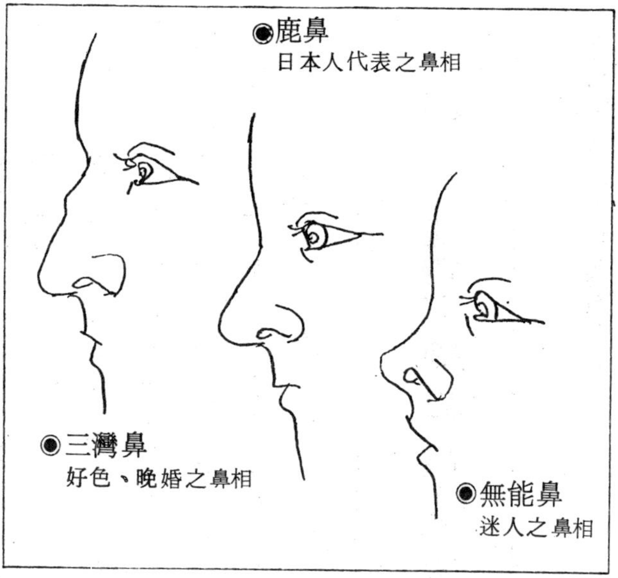

但無能鼻者有浪費癖，結婚後將丈夫辛辛苦苦賺的錢大把花掉，對於不必要的東西，有衝動之購買慾，具有此鼻相之女性，冰肌玉骨，臉蛋爲橢圓型，美目，是模特兒之典型。因此多適合做女明星、歌星、模特兒等職業。喜歡男人，因具有先天迷人的魅力，故能將君子鼻、守本鼻、天胆鼻等鼻相之男人玩弄於股掌之中。

中國對於此類女性之描述爲「女人心似海底之針」，其意卽要抓住其心實不太可能。

無能鼻之人生，少年運不太好，到中年時會損壞內臟，但若眼神有力的話，中年後運氣也不錯。

女性因適合作模特兒，故不太適合作賢妻良母，安份守己之太太，爲「男性永遠之戀人」，常過寂寞的生涯。

但若遇見良相的男性，能早點結婚的話，以丈夫、兒子爲重的話，或許能過令人羨慕的一生。與無能鼻相似者爲「傷弱鼻」。

山根、鼻樑均低，鼻尖肉薄、尖削向上，鼻翼也不豐滿，可見鼻孔。聰明伶俐，稍具狡滑，體弱、膽小，一年到頭忙，內臟不太好，而失運道，性情不定，一旦緊急時無法共事互助，若眼相好的話，中年運一度良好，但無法持續，晚年容易生病。

具有此相的人應多向有德行者請教，而守成。若自我意識不太强時，或許還有可爲，卽使無法成大事，也可無事渡過平安之一生。

5. 口——膽力與愛情之象徵

上唇厚者講究飲食且好色

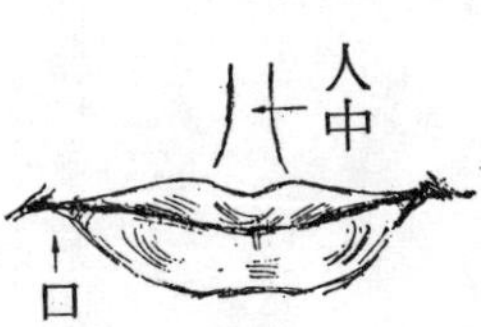

昔謂「口張開時若拳頭可伸入口中者爲大人物」是否確實如此則不得而知，前面曾說過口張

開時大，閉上時小爲良相之基準。

若嘴唇緊閉，肉豐，笑時嘴大者，富於生命活力，有統率力，財運不錯。但是嘴大而不能緊閉之嘴唇，情慾雖盛，卻擾亂到家庭。

笑時小口者，氣量小，處世能力差，怕與人爭，遇見困難時徬徨無主。卽缺乏判斷力與膽力，嘴雖小但能緊閉者，則是不服輸者之典型。

嘴唇之厚度，上下一樣者，心胸寬廣。

上唇厚的表示愛情濃厚。越厚者越有情，性慾也越强，特別厚且肥重者對異性不錯，常因女性問題而成話柄的日本歌星森進一，面相卽屬於此。

因此女性一不小心時就會被矇騙，但還不致傷害到異性。

此是具有此種唇相的人缺乏理性時，沈溺於性，而易身敗名裂。上唇厚的人味覺靈敏，講究吃的人大多爲上唇厚者。

看看那些餐廳的厨師以及善於烹飪者均屬於此。因此若要上唇厚的女性爲妻，能精於煮菜的話，一家是很幸福的。

上唇薄的人愛情淸淡。因此不會沈溺於異性，而使對方有薄情之感，但也並非說性能力之下，只是有熱中於學問、宗教方面思想的傾向，味覺遲鈍，不擅長作菜。

貞操觀念顯示於上唇線上

上唇的輪廓分明漂亮者，在家世好的環境中成長，自制心强，厭惡骯髒，不道德之事。女性的話貞操觀念很强，反之與上唇輪廓紊亂之女性結婚的話，爲其大搞男女關係所苦。

下唇向前突出者，夫婦緣薄。自私主義者，性格任性，有時爲了自身之利益，而出賣了對方，要特別注意。

反之上唇較突出，下唇較縮進去者，不太愛說話，保守、拘謹，由於過分保守，故無信念，意志力較薄弱，且頑固。

嘴唇變暗黑者，心臟、肝臟有毛病，要特別注意，若變白色的話爲胃腸病。

嘴唇一直輕輕地合攏，心身都健康，果斷之性格，反之唇部一直張開露齒見人，無信念，意志力薄弱。

嘴唇一直有潤澤的人較熱情，但一直呈光潤態也是好色之證據。

唇部刻劃許多縱的皺紋稱「歡待紋」，爲社交能手之特徵。

〈由口判斷『命與運』〉

(1)**灣弓仰月口**

脣之外側輪廓的中央部分，上下脣皆能整齊凹下，脣合攏時成一弓線似地彎曲。具有此種脣相者，齒白、脣紅、色澤不錯，非常美麗，上下脣稍微薄些，爲男女理想之脣相。

聰明，具備洞察力、行動力與指導力。人情厚，而且也雄辯、有膽識者，具說服力，男性的話在社會上具有責任地位。

女性則精神與肉體均能得到平衡，一直心安理得，不會發出不平之言，在家庭中善於招呼客人。

男女均得圓滿之家庭且可得賢子。

(2)**四字口**

上下脣俱厚，上脣稍呈直線，下脣兩端深深的彎曲，嘴脣豐滿，全體輪廓成四字狀，故稱「四字口」牙齒生得整齊。

性格正直、溫和、信義淳厚、聰明而不與人爭、能成大事、俱文才，能承受祖先所留恆產，地位、財富皆可得。

是一生不愁吃穿，晚年悠適，子孫俱賢之長壽相。

與四字口類似的爲「方口」。

唇部上下厚大，嘴唇緊湊。上唇、下唇，之外側輪廓呈直線，嘴角之色澤鮮明，比四字口還厚之口形。

年幼時生活在優裕環境，遵從雙親之言。性格溫和，忠厚老實，欠缺膽量，但可得貴人之助，能聚賢妻，守恆產、兒孫繁榮。

四字口、方口俱受雙親德蔭之典型。方口與四字口相比，缺乏活潑性，但心地善良，人情亦厚，女性的話也能得良緣，而過優裕之生活。

方口一生也不愁吃穿。

(3) 牛　口

口張開時較大，緊閉時較小，唇之色澤鮮明。齒稍長而整齊，嘴角向上。

正直、誠實，有時較頑固，嫉惡如仇，對他人要求較嚴，但做事認眞，決不因辛苦而埋怨，能自由、長生過活。

結婚能得賢子，有離婚之危險，但能轉禍爲福。

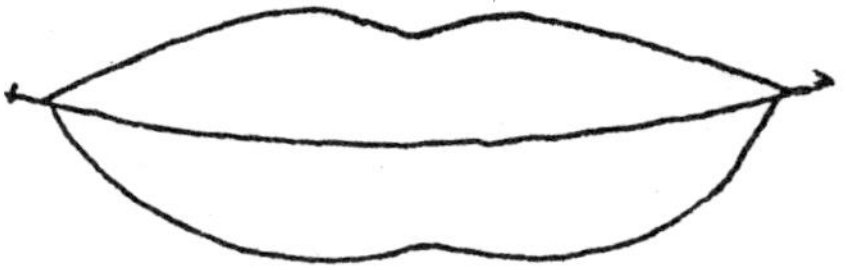

◉灣弓仰月口
男女理想唇相

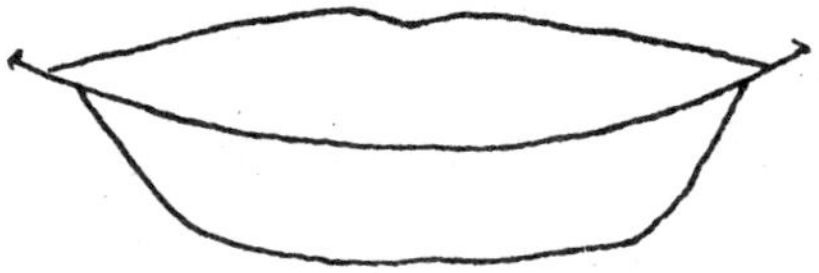

◉四字口
信義淳厚唇相

與牛口類似的爲「櫻桃口」，口張開時不大之小口。

嘴角稍微向上，唇紅，牙齒小，可愛地並排著。大多爲女性之口。但男性具有此口相也不錯，爲適合男女之良口。

心地溫和、寡言、人情濃厚、信義穩固，聰明具辦事能力，能遇貴人相助。女性能得良緣，家庭美滿過一生。

與牛口、櫻桃口一樣地嘴角向上者有「羊口」，羊口之特徵爲口小而突出，唇薄不大。

男性具有「羊口」相者，無鬍鬚。由於無鬍鬚故口在發牢騷時嘴唇尖翹卽可判別，齒黃而小。

大抵嘴角向上均爲良相，只有「羊口」例外。性格膽小，細小。一張口滿肚牢騷，只會

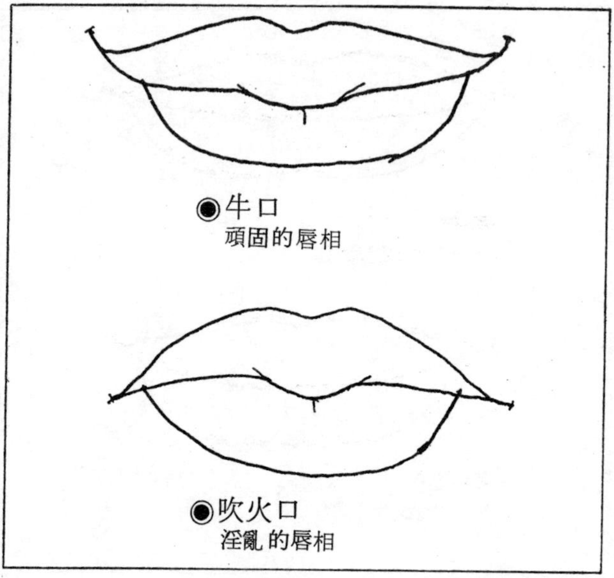

挑別人缺點，行動消極，不果斷，無法自己率先積極行動。

因此不得人緣，常與人發生糾紛，晚年孤獨，夫妻關係處不好，只要能改心換面，或許能得平適之生活。

(4) 吹火口

口尖，好像要吹火似的。故稱「吹火口」，唇薄，有許多細小皺紋。

薄情寡義，自私自利，自尊心强而頑固，常說友人壞話，自己失去信用，青年時代即已孤獨。從小開始多病，精神環境差，因而內心也就被污染，對於比自己弱小者以暴力相向，淫亂但也無法做大的壞事，與家族緣薄，因爲承受祖先的「命」不好之緣故，這也是其個人心裏之問題，若能改變心意，或許還有可爲。

與吹火口相似命運的爲「猪口」。

上唇比下唇肥大且長，下唇縮進，嘴之兩角下垂，露齒。性情易變，粗暴，無忍耐、持續力，常轉換職業，與家族緣薄，晚婚，淫亂，卽使發點小財也無計劃性，立刻花天酒地，散千金，故一直貧窮。

中國稱「猪口」者死於非命。

此外還有一「孤紋口」，小口翹曲，嘴角下垂，皺紋很多，唇色與齒之並排皆不好，上唇蓋著下唇。

無協調性，不合羣，只能從事技術方面工作。少年時期艱苦，中年也失敗，老後蕭條一人渡日。

第三章　中國秘傳、年齡別面相術

——一言道破你過去、現在、未來的「流年命運術」

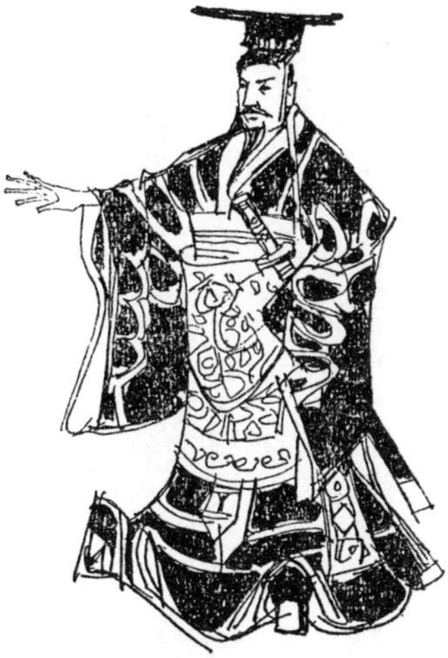

顏面刻劃一～九九歲的『命運』

由各個面相可知自己及他人的資質、個性，但於資質與個性之上由生至死，這一段漫長的時間裏，將如何渡過呢？此爲最切身之問題。

不管任何人一生之中一定有所波折，有的人波折大，有的人波折小。人生就像一條船一樣乘風破浪而去，故非知波浪之大小不可，而知道自己一生波浪起伏的就是「流年運氣」。

人生之順暢與否各有不同，就像人心不同各如其面，每個人均擁有自己的流年運氣。

而此流年運氣之統計學均記錄在各人的臉上，觀相學起於三千年前，而集大成者爲痲衣與柳莊。

人之運氣首先由左耳開始，通右耳，進入額的中央部分，經過額的左右，到眉、眼、鼻、頰、口、顎。（參閱三、四頁圖）過了七十六歲後，由顎的先端開始，將臉部輪廓像時鐘一樣地旋轉一周，至九十九歲，最後人從大地生，又回歸大地似的，運氣到達耳內終了。

因此假使一位二十八歲的人之運氣剛好在眉與眉之間的「印堂」，就看印堂之相，即可知他二十八歲這一年之運氣。

流年運氣是這樣看的

看流年運氣時要找運氣所流到臉部各部位之「名稱」。例如二十五歲，在額左右中央下，眉間（印堂）上之位置叫「中正」，五十一歲時在鼻下到上唇之間的「人中」。

可參考本書三、四頁之圖表，攬鏡自照去尋找部位，但要注意的是圖示相片的左側是自己臉部的右側。而且其他部位也要與所看的本部位相配合，對於你來說何時是你最好的「適時運」，是幾歲呢？請慢慢地研討吧！

1. 耳——一歲～十四歲

一歲～七歲——「金星」（左耳）

八歲～一四歲——「木星」（右耳）

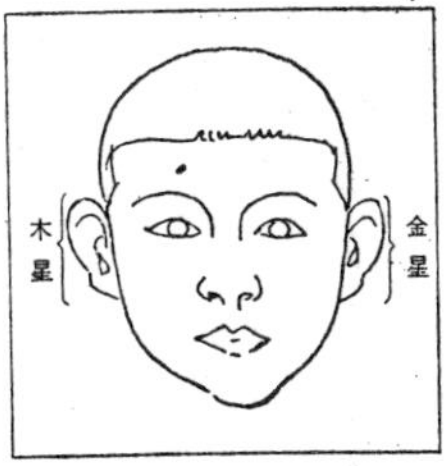

耳是祖先餘德、雙親恩惠的象徵

在中國出生時即一歲，因爲是以腹中已有生命來算的。此與西洋實足年齡算法截然不同，觀相學當然以虛歲來算。

一歲到十四歲爲止之運氣可由耳之上中下得知。左耳，金星上下之順序爲左天輪（一、二歲）天城（三、四歲）天郭（五、六、七歲）右耳，木星上下是右天輪（八、九歲）人輪（十、十一歲）地輪（十二、十三、十四歲）。

一歲到十四歲之間屬幼年間，受雙親及長輩的保護。因此此時期受大人們運氣的影響部分較大。

耳部是自己過去之記錄。如福耳是福壽與雙親之緣厚，福壽是一生的福運與壽命，即財運與腎氣（精力之强弱）。

耳之上部的輪廓凹凸，左右耳之形狀極端不同者，十五歲與雙親分離之可能性强，即與雙親緣薄。

反之上部輪廓整齊，小時候充分受到雙親的恩澤，或是承受祖先餘蔭之證據，因此在人生道上能順順當當地一展前途。

在第一章顏面六相中曾談到耳黏在頭部之良相者，一歲至十四歲的運氣很好，因此年少時代能快樂地過日。

總之一歲到十四歲是在父母親的庇護下成長，此時代之精神環境是否良好，影響十五歲以後的命運很大，即使物質生活較差，但若能保持愉悅心情，忍耐下去終有所成。

2. 額——十五歲～三十歲

運氣可由色澤之變化決定

從前在日本十五歲是行冠禮之齡，已由少年變青年了。十五歲到三〇歲爲青年期之運氣，即在額部。在此之間決定職業與婚姻大事。爲支配人生第一期生涯的大變動之時期，在第二章部位面相術沒談到，現在在此說明一下。額由橫側分上、中、下三等分。

(1)上部（靠近髮際）——表示推理力、智慧、想像力有無。

(2)中部（額骨中心及周圍）——表示記憶力之有無。

(3)下部（眉上與眉間）——直觀力。

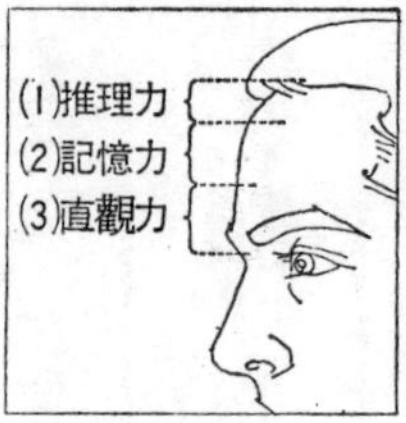

整個額部寬廣，色澤良好爲良相之條件。

⊡上部之髮際雖雜亂，印堂（眉間）寬而豐隆，色澤好者富想像力。

⊡顏部豐隆，色澤好的人記憶力强。

⊡印堂開濶爲良相，其大致標準以眉與眉之間剛好能放入二根指頭爲佳。

⊡印堂寬濶者心胸亦開濶，愛情豐而長命。但若過於寬濶，有稍微無責任感之傾向。

反之印堂狹窄者；視界狹小，自我中心過强，神經質的個性，爲自私主義者較多。

⊡額部無皺紋與瑕疵，豐圓，色澤亦佳者頭腦聰明，記憶力、直觀力强，能出人頭地。思慮、感情皆理智不會失去平衡，冷靜、穩健集衆望於一身。

具有此額相者，先祖及雙親必定是人格優秀的人物，由於祖先及父母積德故能擁有此額相。

額部色澤短期間較富變化。因此常顯示出運氣之好壞，通常帶著薄薄的粉紅色時運氣好，做事順利。

反之額部陰暗，色澤不良時運氣下降，此時最好守成，靜觀以待。若此時活動一定失敗。

人生的轉機、結婚運顯示在額上

額部的皺紋是年少時代精神困苦的記錄，即使年少時皺紋不出現，而在此時代受過苦之後，一定出現皺紋。

橫側一條粗線似的皺紋，若橫切過部位年齡時，一定有遭遇到事故、災厄。例如司空（額之中心）爲二十二歲運氣所見之部位，在此若有一條橫皺紋的話，二十二歲時一定遭遇到事故、災厄。

而災厄規模之大小與皺紋之深長成比例。

此外還有縱皺紋也很可怕，前面曾談到我的「中正」部位（二十五歲之運氣）有縱皺紋，恰好避過中心，這是我二十五歲時遭災難之記錄。

因此，額部皺紋多的人，或是有瑕疵、凸凹的人大概三十歲爲止之運氣均不好，要靜待機會的來臨，不要輕舉妄動。

額部不豐隆，且凹陷狹窄的人，精神生活皆不充實。「人比人氣死人」，若此時與別人優裕生活相比，當然過得更煩苦，只要能具有滿足現狀之心，樂天而過活，等待好運之來臨，到了三〇歲之後自然否極泰來，再度開運。

女性之結婚適合年齡期，剛好在額之部位，額相不好的女性，最好找額相佳的男性結婚，這樣能平衡，過著比獨身更幸福的生活。

額頭明朗豐滿的女性結婚較早，反之額頭凹陷、狹窄及有皺紋之女性結婚較遲。

額相不好的人，自尊心高，同樣地自卑心也强，不好的性格由命之個性顯出。因此即使有人介紹結婚對象也要與他人比較，東挑西挑，沒有一個滿意的，失去良機，終於結婚較遲，運也不能開朗。

若是能多聽別人的忠告，改變性格，結婚後就能改變運氣。

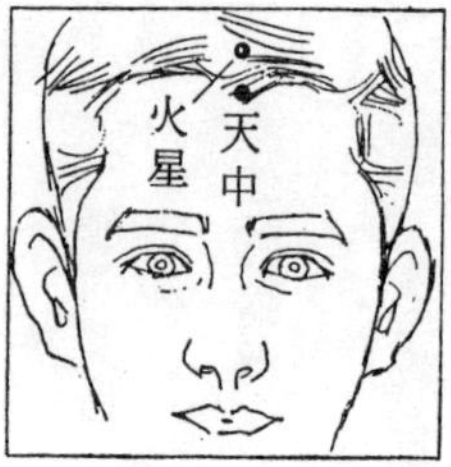

十五歲——「**火星**」（前額髮際約二公分上）

十六歲——「**天中**」（前額髮際之中央）

良運相 ……①火星部分經天中，到額正中之線描成一平穩之曲線。

霉運相 ……①火星部分凹陷、天中到額中央之線凸凹。

◎良運相時迎接順暢之思春期，霉運相時多病多災，要找貴人相助。

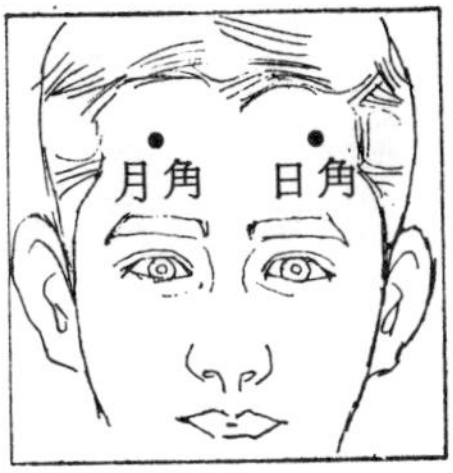

十七歲——「日角」（左額骨）

十八歲——「月角」（右額骨）

良運相 ……①日角、月角不凹凸不平。髮際到眉間圓順。②頭頂上無凹陷。③髮際之日角、月角不凹進。

霉運相 ……①日角、月角凸出。②日角、月角平順，但頭頂凹陷。

◎良運相的人這兩年順暢，會遇到影響其一生的貴人。霉運相此時期精神不安定，出現强力的反抗期，要注意災禍。

日角、月角就像牛角部分一樣，許多人此部位突出，十七、十八歲運氣不好，好奇心、獨立心强，無法呆在家中，繼承家業，離家獨立開創自己前程。因此多經人生之波亂，要把握住自己的流年運才行。

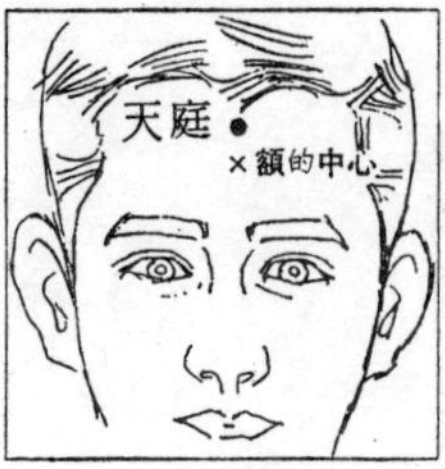

十九歲——「天庭」（額中心與髮際之間）

良運相……①天庭由橫側看飽滿，到兩眉根描成一順當曲線。②髮際不呈富士山形。

霉運相……①天庭不飽滿、日角、月角凹下，左、右形極端不同。②鼻向左方或右方彎曲，眉形不整、濃淡清楚，眉尖眉毛散開。③眼光遲鈍無力。

◎天庭之形式卽使優良，但有霉運相所舉之缺點時這兩年運氣較弱。

此時期恰好是大專聯考或就業之時期，爲人生之一大轉捩點。霉運相者不要期望過大，否則失望會越大。

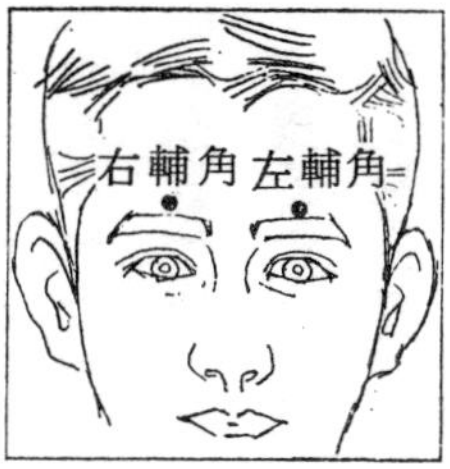

二十歲——「**左輔角**」（日角之下、眉之上）

二十一歲——「**右輔角**」（月角之下、眉之上）

良運相……①輔角豐滿，鼻下山根呈稜線，無凹凸。②輔角外側之「天倉」（眉尾上的太陽穴部分）豐圓。

霉運相……①輔角之部分凹陷。②太陽穴凹陷。③鼻子彎曲。

◎良運相者卽使遇禍事，能轉凶爲吉，這兩年內會遇好朋友或貴人。

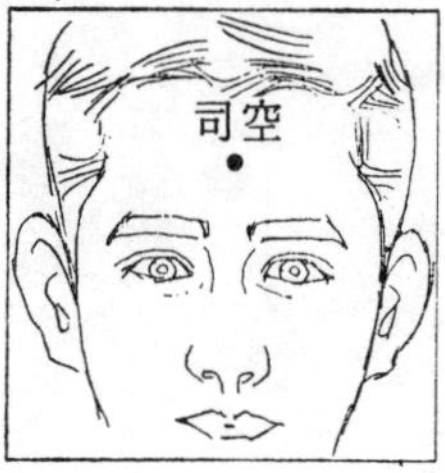

二十二歲——「司空」（額之中心）

良運相……①司空卽額之中央部分，到鼻山根稜線整齊。②人中如八字似的末尾寬廣、無歪斜。③上唇無翹曲。

霉運相……①司空凹陷。②山根凹下。③人中彎曲。

◎若是司空有痣時，在此年齡會遭大厄要注意。良運相爲司空至唇之臉中央部分，直直下來，由橫側看此線平穩，在此年齡之運勢很强。

我的中正（二十五歲運勢處）凹陷，此凹陷由司空開始，此時我在廣島於原子彈落下之前回大連，倖免大禍，由此到二十五歲之時期我的境遇極差。

司空不好時，要靜觀處變，等待好運之來臨。

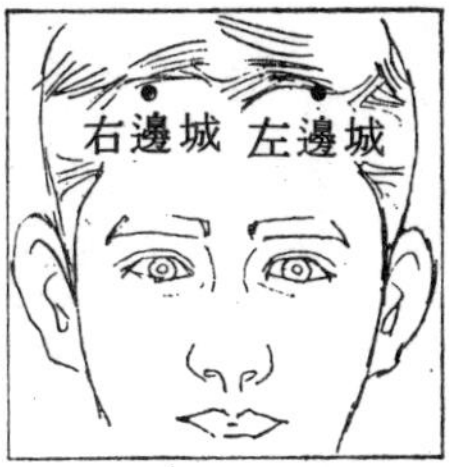

二十三歲——「**左邊城**」（左髮際處）

二十四歲——「**右邊城**」（右髮際處）

良運相……①邊城用手觸摸覺得豐圓、無凹下。②眼光烱烱有神，特別是二十三歲在右目，二十四歲在左目。

霉運相……①邊城凹陷。②髮際之頭髮不整。

◎具霉運相，再加上目光無神，兩年間會遭厄運，故要守成不要違背自然。

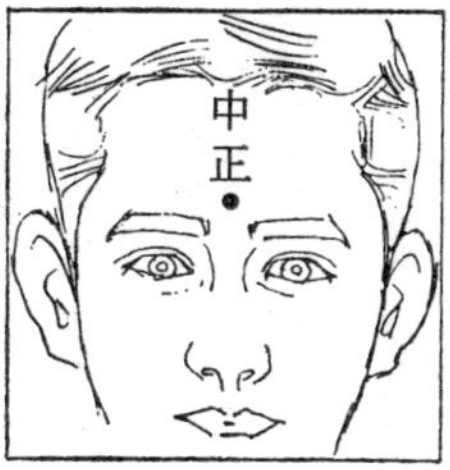

二十五歲——「**中正**」（司空與眉間之際）

良運相……①天庭、司空、中正、印堂（眉間）所結之中央線由橫側看平穩豐滿，中正無凸凹。②兩眉富有生氣，山根無凹下。

霉運相……①中正凹陷。②鼻子彎曲。③山根凹下。

◎良運相若再加上耳的位置正，與眉、鼻、口整個臉部平衡時爲大盛之運，金錢充裕爲興盛之年。反之霉運時此年會招致災厄，即使至此運氣均很好的人，運氣也會開始下降，要小心。

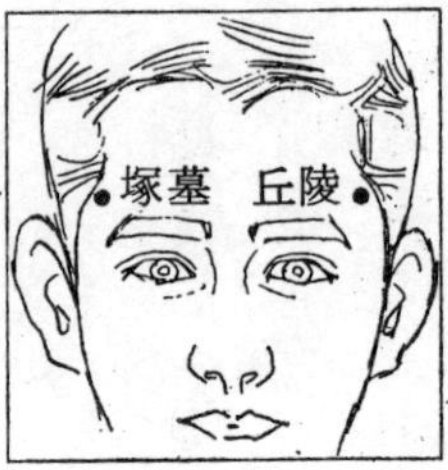

二十六歲——「**丘陵**」（左太陽穴）

二十七歲——「**塚墓**」（右太陽穴）

良運相……①太陽穴豐圓無凹陷。②眼，特別是左眼瞳孔與白眼部分黑白分明。③耳爲良相。④頭之頂上到後頭部豐圓。

霉運相……①太陽穴凹陷。②目光黯淡無力。

◎即使太陽穴不凹陷，形狀很好，但目光無神，耳相極惡，易遭災厄。二十六、二十七歲之流年運也不好。但由資質及個性面來看，太陽穴凹的人思考力極優。

霉運相者這兩年要安於現實，注意健康，不久運氣開通時才有精力應付。

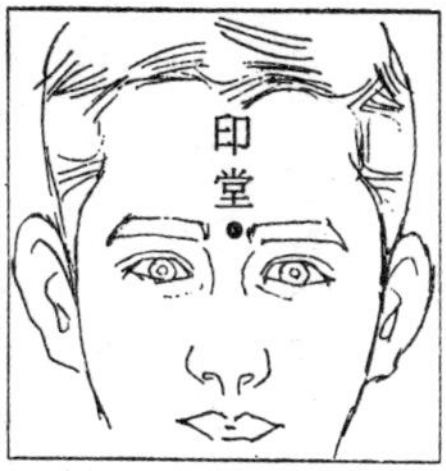

二十八歲——印堂（眉間）

良運相……①印堂開濶（可放二指之程度）。②兩眉尾稍向上，毛不散開，特別是左眉無逆毛。③太陽穴無凸凹，後頭部豐圓。

霉運相……①左眉毛有逆毛。②太陽穴極端凹陷，後頭部平坦。

霉運時，印堂凹陷或有瑕疵，運氣低，會遭大難。要注意。歌星森進一，印堂狹窄，對事情看法鑽牛角尖，故爲煩惱多之相，若能寬心過日，成功之道自會打開。

印堂是青年期之總決算，進入中年期之入口，故要非常重視。

男性至三十歲爲止若有餘裕，要把握機會衝刺，爲中年期舖路，故此時可說是青年期之最後機會。

印堂也關係人內臟、心臟之健康。印堂有痣大都爲養子，若有黑痣，要特別注意健康，可能是病猫了。印堂發黑，有胃病，發青時有肝臟病，發赤時有心臟病之兆，若出現暗黑色時卽是狀況不佳之兆，而且眉頭中之有色澤不良的痣時一定是會入牢獄之災的前兆。

但印堂呈黃紫色時爲喜慶之兆。二十八歲若爲良運相者應在此年大展雄圖，反之霉運相者應守成忍耐等待良機之到來，切不可急躁。

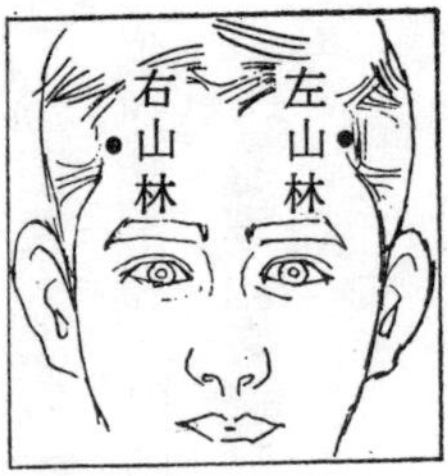

二十九歲——「左山林」（額骨之左端）

三十歲——「右山林」（額骨之右端）

良運相……①山林豐滿，山林至印堂之間的斜線無凹凸、平穩。②鼻樑挺直、豐隆。

霉運相……①山林凹下。②鼻樑軟弱無氣勢。

◎良運相者印堂若無凹下的話，兩年之內福運來到，財運亦佳，可離家創業，也是女性二十年代最後之謀良緣的良機，但若山林不錯，鼻相不佳，可能好運會溜走。

3.眉——三十一歲～三十四歲

決定女性生涯運的爲眉與眼

眉與眼是女性生涯運最重要之部位。

觀相者謂「由眉、眼來看女相，由鼻來看男相」。

具有魅力的女性到了三十一歲更增加成熟之撫媚。

三十一歲到四十歲爲女性累積育兒、家事經驗之時期，此時期若能充滿愉悅自信、開濶之心當然是幸福的，而顯示此期運氣的爲眉、眼。

概眉之良相爲眉毛適中、修長、細柔、不分散，眼睛黑白分明，眼與眉之間隔恰好。

眉、眼是臉上最顯明的地方，從前有許多婦女剃掉眉毛，重新再劃以改形，人工整形雖會改變面貌，但人所持的命運，基本上是不變的。精練的面相家由你的整個面部部位之平衡及骨相就可算出你眉、眼原本之相，若要了解自己正確的命運，必須以原相爲準。

對男性而言，三十一歲到四十歲心身俱已成熟達到顛峯之時期，爲壯年期之入口了。

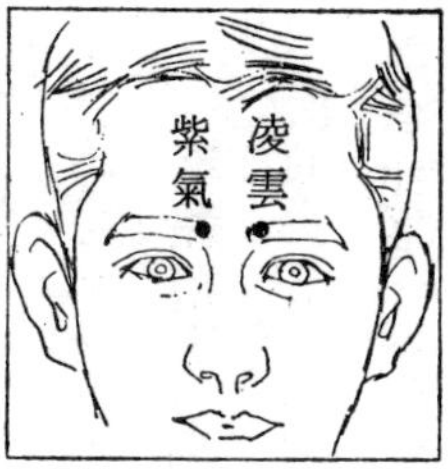

三十一歲——「**凌雲**」（左眉頭）

三十二歲——「**紫氣**」（右眉頭）

良相運……①眉頭無逆毛。②耳之輪廓清楚，豐隆耳之尖端稍比眉高。③兩眼黑瞳孔與白眼黑白分明。

霉運相……①兩耳之輪廓凸凹。②鼻之氣勢軟弱。

◎良運相時，若眉比目長，這兩年財運很好，能得益友，是盛運。霉運相時，即使眉毛不錯，運氣也不會上昇。

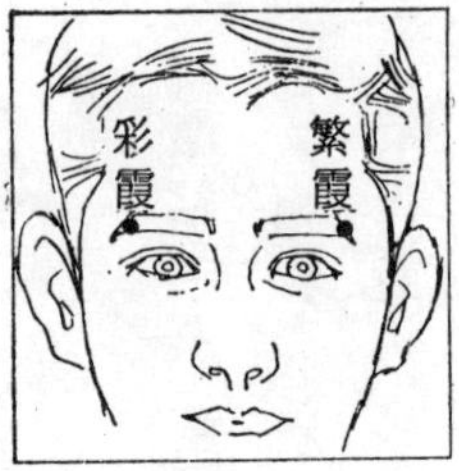

三十三歲——「繁霞」（左眉尾）

三十四歲——「彩霞」（右眉尾）

良運相……①眉尾像筆描畫似的非常整齊一致。②額爲良相。③法令線（鼻翼側到顎之皺紋，笑時可見）左右平衡。

霉運相……①眉尾之毛散雜。②山根凹下。

◎良運相時若目光靈活爲大運。霉運相時卽使眉尾不錯而額部凸凹，法令線左右不對稱，運氣無法伸展，要保持「靜態」之勢。

4.眼——三十五歲~四十歲

眼相男女之別在於女性眼角稍微向上（此爲美女之條件）而男性則向橫側一直伸展爲佳。男女雙眼皮均較富魅力，但與命運無關。

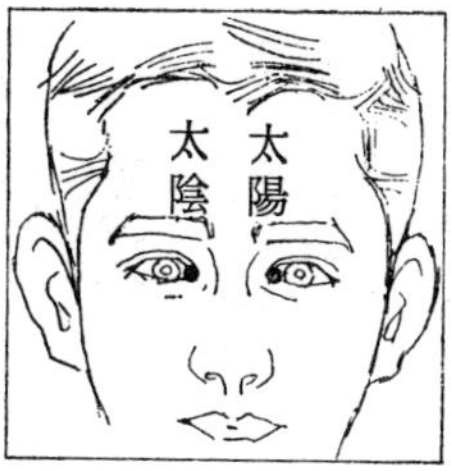

三十五歲——「**太陽**」（左眼頭及白眼）

三十六歲——「**太陰**」（左眼頭及白眼）

良運相……①太陽以右耳，太陰以左耳爲重點來看耳之位置是否正確，白眼不混濁。②眉比眼長，毛之色澤不錯。

霉運相……①眉毛薄、眼與眉之間堵塞著。②白眼有血絲。

◎卽使耳之形狀不錯眉毛色澤薄、毛尖雜亂，兩年內將遭大難，要注意。眼當然以靈活富生氣爲佳。

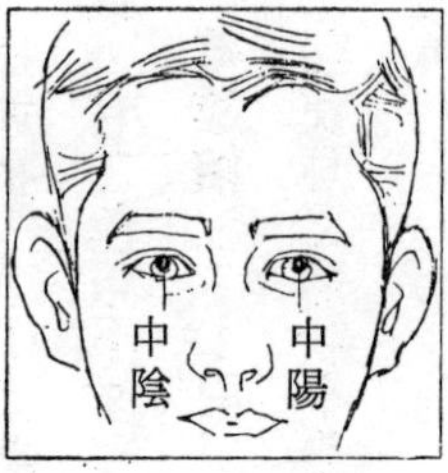

三十七歲——「**中陽**」（左瞳孔）

三十八歲——「**中陰**」（右瞳孔）

良運相……①瞳孔發炯炯有光，眉毛色澤很好。②鼻樑挺直，鼻頭豐滿，色澤也不錯。③顴骨之肉豐（豐頰）。

霉運相……①眉毛細弱。②後頭部平平如絕壁，不圓豐。

◎顴骨平板失去氣勢，即使目光靈活也無法挽回。良運相這兩年金運強，假如三十八歲時鼻翼豐滿的話更佳。

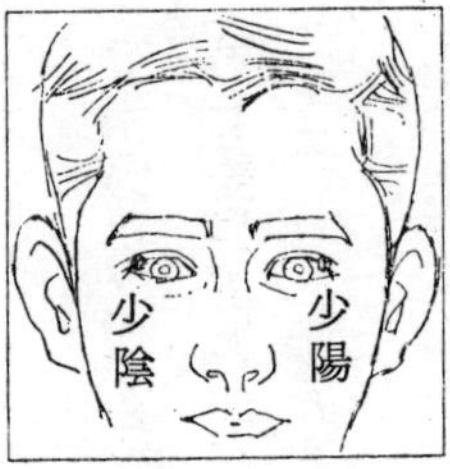

三十九歲——「**少陽**」（左眼角、白眼、魚尾）

四十歲——「**少陰**」（右眼角、白眼、魚尾）

良運相……①白眼不混濁。②垂珠（耳垂）豐厚，色薄，光潤。③魚尾紋（眼角之皺紋）一條、二條，稍向上，不雜亂。

霉運相……①唇之中央凹下，白眼混濁。②眼角之骨突出。③魚尾紋很多、雜亂。

◎良運相當然眼相也必須優秀。而且炯炯有光，二年內將行好運。霉運相時，眼睛黯然無光，魚尾紋向下，做什麼事均不順利。

5.鼻——四十一歲～五十歲

看鼻即知男子之「能力」

鼻是男性最重要的部位。但男性之良相並非對女性來說就是良相，此點要注意。但鼻翼有共通性，如以夫婦來說，夫之鼻翼薄，妻之鼻翼豐隆，則有幫夫運，發揮「內助之功」。

鼻與人類之形成有密切關係，如幼兒之鼻形不發達，但成長後自然形狀整齊，到五十歲後看見自己的鼻子會覺得自己鼻子又有些改變了。故由鼻至口、顎隨著年齡而有顯著改變。

中國認爲男子到四十歲又是重新開始，爲一大轉機，爲開創新人生之年齡。

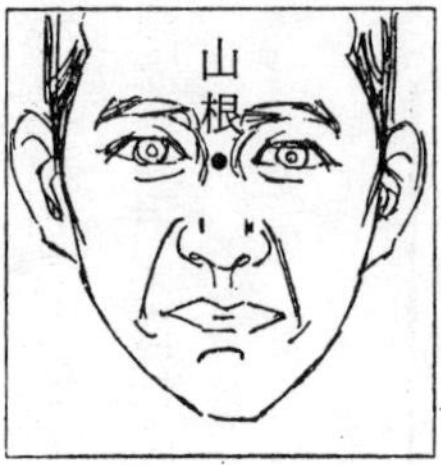

四十一歲——「山根」（眼與眼之間）

良運相……①山根之骨高大豐隆，色澤也不錯。②顎部挺直。

霉運相……①山根極低、左目無神。②顎細小、貧弱。

◎良運相時，卽使山根稍低，顎部堅實有力則四十一歲爲飛躍之年。假若山根豐隆且高，但脖子彎向肩部，不挺直，兩眼無光，則此年將有災厄。由山根也可看出夫婦之好壞關係，若此處色澤良好，夫婦關係融洽。

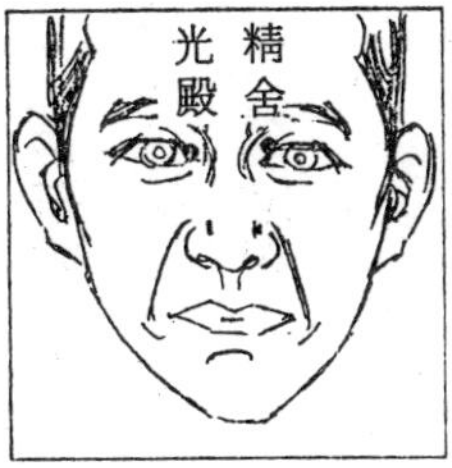

四十二歲——「**精舍**」（左眼頭上）

四十三歲——「**光殿**」（右眼頭上）

良運相……①額、頰堅實、色澤亦佳。②印堂開濶，眼頭上之肉豐滿光潤，不昏暗。

霉運相……①四十二歲看右眉、四十三歲看左眉。若色澤不佳，眼與眉堵在一起則不好。②額部凸凹、狹窄、無色澤。③眼頭肉薄。

◎昔謂四十二歲爲男子之厄年，若爲霉相而鼻爲良相則能逃過大厄。運氣不好的人此年要守成，調和身心，以待時機之來臨，此兩年若印堂、眼頭昏暗要注意健康，不要過分操勞。

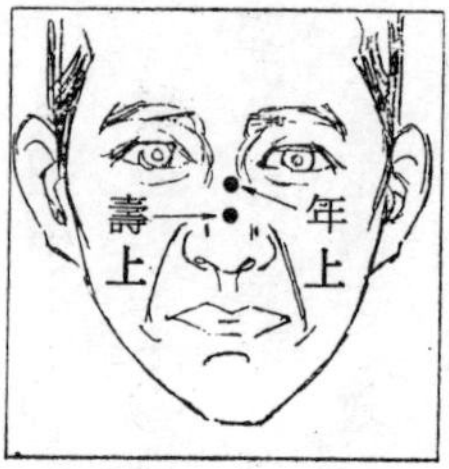

四十四歲——「**年上**」（山根下，鼻骨上）

四十五歲——「**壽上**」（鼻骨節之正上面）

良運相……①年上無斑點或瑕疵、傷痕，眼有生氣，印堂無雜亂皺紋。②耳之位置很好、色薄、外輪之輪廓豐圓。

霉運相……①由年上、壽上通鼻頭無肉、凹凸。②眉毛色澤不佳，眼光、印堂昏暗。

◎良運相時，當然以鼻樑挺直爲良運相之第一條件。此時期若運氣良好，則大有發展。霉運時鼻樑凸凹，眼部無光，此兩年內必遭惡運，可能會有小禍要小心謹愼。

鼻樑表示肺臟強弱，四四、四五歲正是人生之中年期，故要注意健康。四六、四七歲離開鼻部，而移到男性人生重要部位「顴」部。

等鼻部完結之後再談。

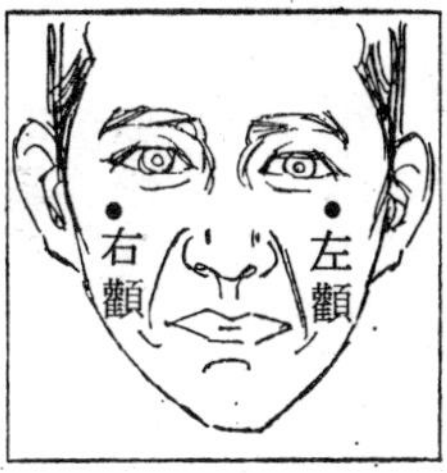

四十六歲——「**左顴**」（左頰骨上）
四十七歲——「**右顴**」（右頰骨上）

良運相……①顴部高而豐圓，色澤佳。②眉比眼長，氣勢好，色澤亦不錯。③鼻樑豐挺。
霉運相……①顴部尖削突出，或平板而低。②兩眼之瞳孔小而無光。③後頭部不豐圓，平平如絕壁。

◎良運相者，這兩年心身俱充實爲大盛運。霉運相者若眉、鼻之相再惡劣的話，最好這兩年避免與人爭，好好修心養性，充實心靈。假如逞强不聽忠告，將會攪亂將來之運氣。

由臉部之平衡看來，顴部過於大而突出者，太過於自信自己的才能，假若女性顴部過高，例如女星淺丘流璃子，無法專心做家事，有外出做事之相。

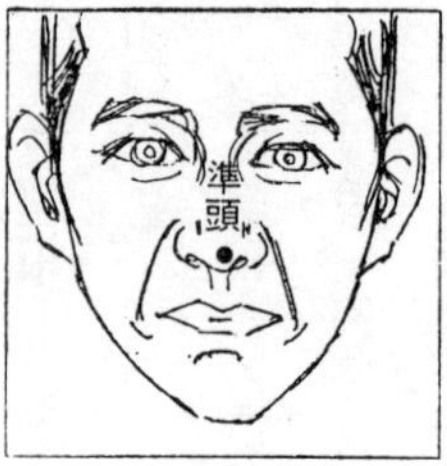

四十八歲——「準頭」（鼻頭）

良運相……①鼻頭肉豐，兩眼有力，眼光沈着。②嘴唇堅實，牙齒硬挺整齊。

霉運相……①鼻頭小而尖。②兩側之頰骨尖削。

◎鼻頭豐圓、肉豐、色澤好爲良相，若具良運相此年榮盛，亦有財運。若鼻頭形狀雖好，但兩眼無力，鼻頭毛孔黑污，則爲金錢所困。此外若鼻尖向口邊如鈎似彎曲，此年運氣更低，要注意自己生活，謹言愼行，否則恐遭大厄。鼻頭是財運處，鼻樑卽使稍爲瘦削，但若鼻頭大爲良相，人品不錯，且甚得別人信用，自然錢財會流入了。

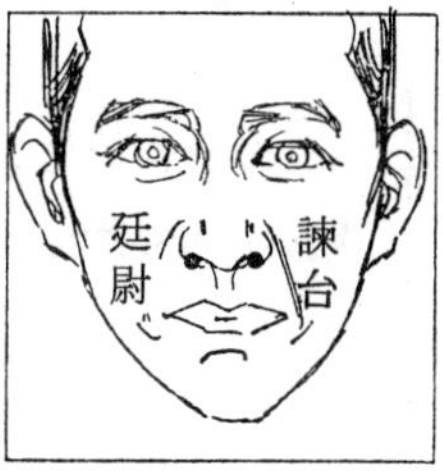

四十九歲——「**諫台**」（左之鼻翼）

五十歲——「**廷尉**」（右之鼻翼）

良運相……①鼻翼挺大，且色澤佳。②耳部堅實色薄、垂珠向口、唇部緊抿，色澤亦好。

霉運相……①鼻翼小，可見鼻穴。②目光無力。

此二年男性要特別注意財政與人際關係。良運相當然財源廣進。女性則能發揮賢內助之功。

顴是權力之象徵

前日本總理大臣田中角榮是屬於富相，而且顴（頰骨）之部位比其他部位大，爲充分顯示出指導力、支持力之相，但因過於自信自己的能力而失敗，要再重整旗鼓是相當困難了。

歷史上有名之人物如蜀之諸葛亮、日本之豐臣秀吉，我想均是顴相很佳的人物，才能權力在握。

人生最重要的就是在打開門之前，應考慮如何去做。
嗡
嗡
哎喲！

6. 口、顎——五十一歲～七十一歲

法令線爲連接口之相，要注意

「人生最重要的就是在打開門之前應考慮如何去做」。

四十年代結束要踏入五十歲之時，我有此感受。

我想要迎接五〇年代的人也都有此同感吧！

二〇年代時，還在門邊徬徨，無目標。

三〇年代時，已打開門拼命一試。

四〇年代終於找到了目標。

進入五〇年代之初，已知如何去做才好，

而能沈着下去。

五〇年代就是具有此意義的年齡。

看五〇年代運氣之一的部位有法令線，此法令線若與唇之兩側穩合而入時，在六十五歲前後將告別人世，歸去黃泉，此爲相法統計之結論。

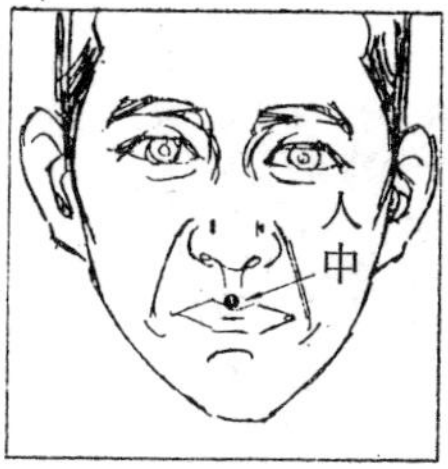

五十一歲——「人中」（鼻下之溝）

良運相……①人中直伸或呈擴展形狀。②額之中心到唇的面部中心線筆直。③額之色澤佳。④法令線分明。

霉運相……①人中之形態變歪，不清。②耳之色澤赤黑，混濁，垂珠（耳垂）小，或鬆軟下垂。

◎人中之形狀若如溝似的清楚、筆直爲良相。若耳之形狀也好的話，運氣上上，身心安定，生活不錯，將來會長壽。額部若凸凹，法令線不一致，即使人中好，此年運勢也不佳。

人中是面相中極重要的部位，在此決定壽命之長短，子孫之有無，顯現此人之精力與生命力。看壽命時要配合耳來看，若人中、耳皆長的話爲長壽之相，人中之溝分明，子運好，人中若有痣子運不佳。女性要注意婦人病；男性人中無鬍鬚的話神經質，常感不滿，但才能不錯。

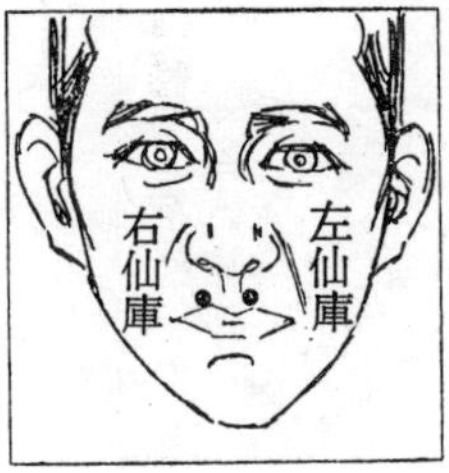

五十二歲——「**左仙庫**」（人中的左外側）

五十三歲——「**右仙庫**」（人中的右外側）

良運相……①仙庫的部份凹進去，或是不可高隆起來，由鼻根至唇要非常平整，而且要帶有圓形。②眉毛不能橫斷，毛的顏色要鮮艷，在正中央部份要有二、三根長毛。③鼻穴要嚴緊。

霉運相……①仙庫部份凹進去，嘴唇有翹起的感覺，或是突起的感覺。②印堂狹窄，皺紋很多。

◎如果是良運相，但眼神無力，仍然無法伸展運氣。在惡運相方面，如果眼神暗淡，人中狹窄，或是歪曲，則有破產的危險，所以這兩年要特別注意。

五十四歲——「**食倉**」（左仙庫之外側）

五十五歲——「**禄倉**」（右仙庫之外側）

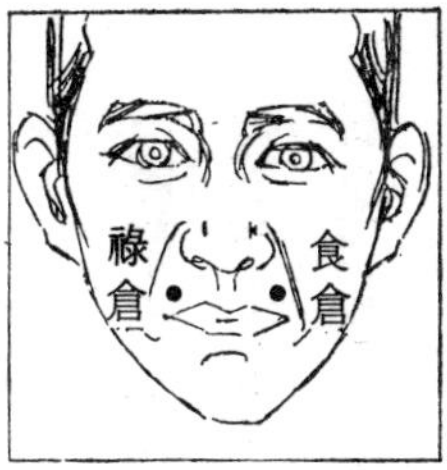

良運相……①與仙庫同，無凸凹，平穩。②法令線左右對稱，刻痕清楚流向顎邊。③右耳之輪廓分明。

霉運相……①食、祿倉的部分凹陷。②左眉無氣勢，眉毛不整齊，無色澤。

◎食、祿倉關係一生之食祿問題，此部位若良相，能蓄財，一生不愁吃穿，政治家福田赳夫之食祿倉部位不錯。

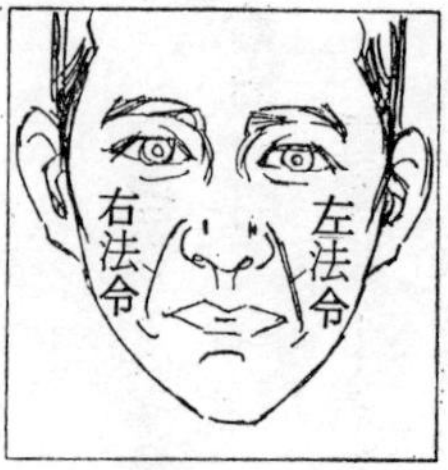

五十六歲——「**左法令**」（左法令線）

五十七歲——「**右法令**」（右法令線）

良運相……①法令線分明左右對稱，流向顎邊。②印堂寬濶，色澤佳。③鼻樑挺直堅實。

霉運相……①法令線左右不同而且不清晰。②唇之兩端不緊閉。③印堂縱的皺紋很多，灰暗。

◎具良運相者且嘴唇堅閉的話，兩年運氣很好。即使人生經過困苦，到此晚年一定奠定良好基礎。

俗謂「老來無材被人欺」，此法令線就是控制於此。

法令若深長且分明的話爲良相。具有此相者，充滿活力、正直、勇敢，富決斷力能夠過充實的老年生活。日本三木武夫的法令線即是此典型。

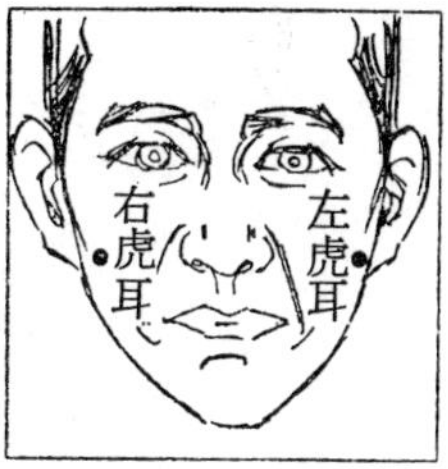

五十八歲——「左虎耳」（頬骨稍左下）

五十九歲——「右虎耳」（頬骨稍右下）

良運相……①虎耳部分無凹陷、肉豐、色澤良好。②眼光和氣。③垂珠（耳垂）厚大、色澤亦好。

霉運相……①虎耳部分凹陷。②耳之輪廓（特別是左耳）凸凹不整。③頭頂凹下。

◎霉運相時假如眼光無力，兩年內會有災禍之損失。

俗謂「虎耳好的話無災厄」，虎耳爲良相者一生運氣無激烈起伏，能幸福過人生。

嘴大的女性在社會上活躍

你的五〇年代如何呢？五〇年代若過得有意義的話，在此晚年之入口必定還不錯。

現在進入六〇年代。六〇年代已差不多嘗試許多人生之喜怒哀樂了，每個人都已擁有自己的人生哲學。六〇年代是爲子孫積德的時代，若在此年齡仍行爲過分不安份守己的話，晚年境遇就悽慘了。

口在面相上來說是可觀測出有關食的問題之部位所在，故口相非常重要。

六〇歲以上之運氣看口至顎的部分，此部分常因五〇年代之生活處事方式而改變。

口之良相前面已談過，上下唇同厚爲良相。口角稍向上，合攏時口小，笑時口大也是很好，不愁吃穿，且富活力，但女性在談話時最好嘴不要張得太大，在社會上社交活躍的女性口皆大。

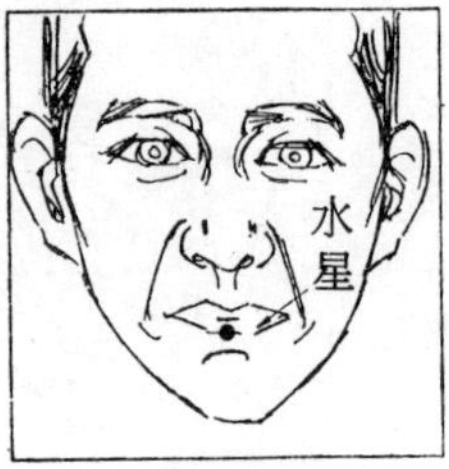

六十歲——「水星」（唇）

良運相……①唇上下厚度差不多，額、印堂堅實，色澤好。②鼻頭肉豐，堅實。③耳略帶紅色，垂珠向口。

霉運相……①唇歪、額、印堂色澤不良、灰暗。②鼻頭軟垂、耳部不豐厚。

◎良運相者，唇亦良相。但若唇爲良相而眼光無力，鼻頭成鈎垂狀時與四十八歲同，此年運氣不佳。

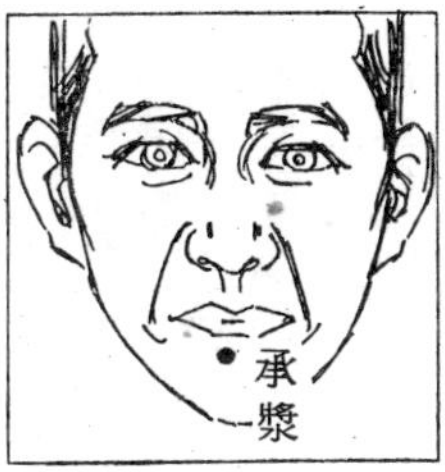

六十一歲——「承漿」（下唇下）

良運相……①承漿肉豐，眉毛色澤和氣勢不錯（特別是左眉）。②耳略帶紅色，眼下無昏暗之色。

霉運相……①承漿部分，下唇部分翹曲，凹下。②耳之色澤暗黑。

◎良運相時眉毛有二、三根長毛運氣更好。霉運相時法令線入嘴角，經濟紊亂，要注意支出，若法令線入口角、眼光無力時，要特別注意身心之健康；否則有將走完人生旅途之虞。

承漿大家均多少有點凹入，故一般來說六十一歲運氣均不好，爲大家必要好好修身養性之一年。

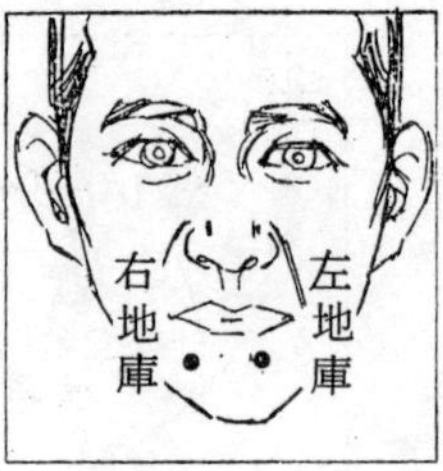

六十二歲——「**左地庫**」（承漿之左側）

六十三歲——「**右地庫**」（承漿之右側）

良運相……①地庫肉豐，目光有力，且較穩定沈着之光。②耳之色澤略呈紅色、鮮明。③側頭部（又稱柱陽）堅實。

霉運相……①目光無力、印堂發黑。②耳及側頭部柔軟。

◎霉運相時，若目光有力，卽使運氣不好，還不致遭致災厄。

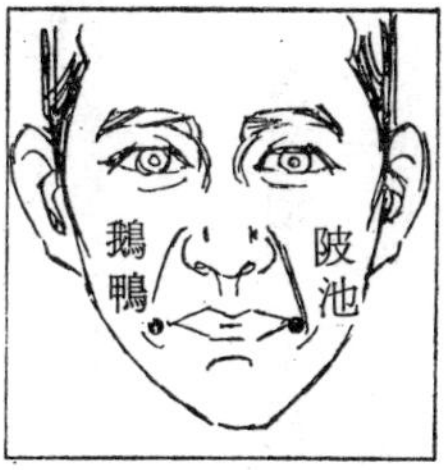

六十四歲——「**陂池**」（左唇之外側）

六十五歲——「**鵝鴨**」（右唇之外側）

良運相……①陂池，鵝鴨堅實。②眉毛色澤好，印堂氣色好。③人中清楚，唇之色澤鮮明。

霉運相……①唇之外側皮膚鬆弛。②左耳發暗，軟弱。

◎陂池、鵝鴨肉豐，色澤佳者「安享人生」能安渡晚年。

若爲霉運相，且目光無力，則大限之期已近。

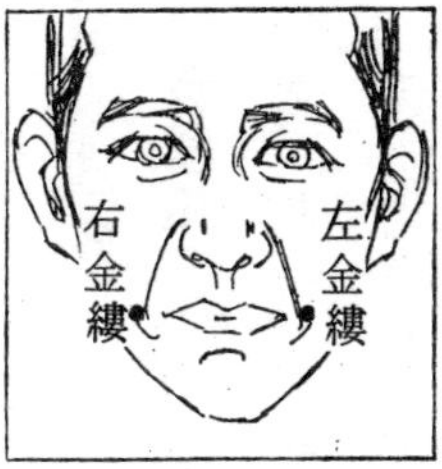

六十六歲——「**左金縷**」（陂池之左斜上）

六十七歲——「**右金縷**」（鵝鴨之右斜上）

良運相……①頰之下部肉豐，堅實，色澤好。②鼻樑色澤佳，硬挺。③眉毛長，且光潤，目光有力。

霉運相……①頰之下部凹陷，軟弱。②脖子瘦削，予人乾枯感。

◎良運相時若脖子硬挺堅實，運氣很好，且健康也不錯。霉運相時，即使目光有力，這兩年也會得病厄，失去錢財，要早些留意健康才好。

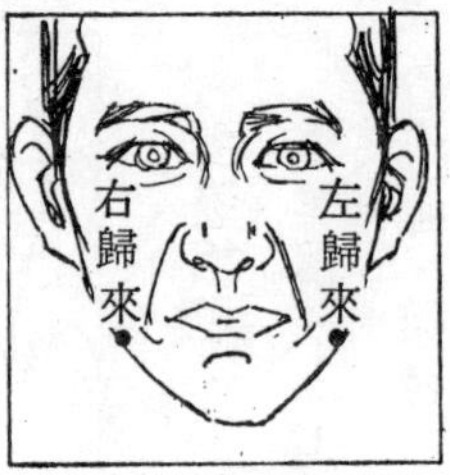

六十八歲——「**左歸來**」（左奧齒之正上面）

六十九歲——「**右歸來**」（左奧齒之正上面）

良運相……①唇之形狀良好，色澤亦佳。②顎鬚有氣勢，側頭部豐圓，印堂氣色好。

霉運相……①歸來之部位肉薄，不堅。②臉的氣色差，目光無光。

良運相時，若歸來肉豐，就能長壽，霉運相時若氣力消失殆盡，錢財亦損則壽命已近。

我的歸來相弱，可能到六十八、六十九為一生終了之期，但歸來相與五〇年代之人生生活方式有關故亦有變化。現在我最期望的就是能越過此界，這就要靠人之修養。

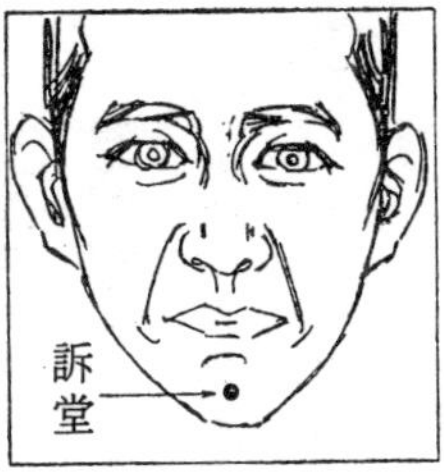

七十歲——「訴堂」（承漿下）

良運相……①肉豐，鬚之氣勢好且光澤。②脖子堅實。③長毛夾雜在眉毛，顏色好。

霉運相……①眉毛薄，且氣勢差。②頸部鬆軟無力，垂下肩部。③眼、印堂皆無光，予人軟弱無力感。

◎訴堂肉豐，堅實者為良相，能悠閒以終老，也能積德餘惠子孫。訴堂霉運相時，此年要靜心休養。

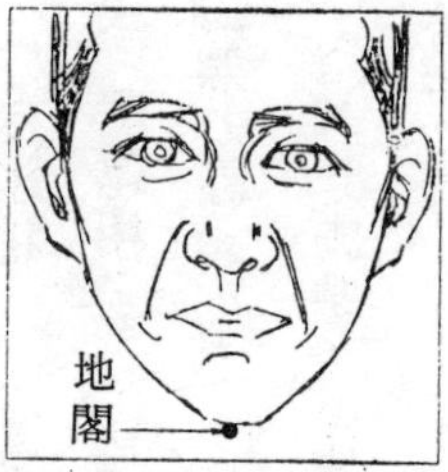

七十一歲——「地閣」（顎尖）

良運相……①顎肉豐圓，硬挺。②唇紅，鬚美。③印堂及眼、鼻堅實有力。

霉運相……①顎部無肉，尖削。②臉部色澤差，昏暗。③鼻尖垂下無力。

◎俗謂「人老心不老」良運相者老當益壯，長壽。霉運相時由橫側看，鼻尖比地閣低的話，此年將遭遇左右生命的災厄，假如印堂、目光無力的話，天年已將盡。

七十一歲以後的所見之面相端視其人生之生活方式而富變化，卽長壽是可自己求得的。只要多注意修身養性，行善積德，就能充分悠適地過此漫長之人生。

第四章　把霉運變成好運的體外六相

——這樣做才可絕斷運勢的惡劣循環

行動可以表現一個人之運氣

如果由面相可以客觀的判斷一個人的個性、資質，以及他一生運氣的曲線，那麼以下就是逐漸改變自己的方法。

至此我已一再的強調「命是無法改變的，但是運氣是可以改變的，同時亦可改變性格」。換句話說，儘管稻子是無法變成麥子，但是讓稻穗長出更多的穀粒是人人都可做到的。

面相所表現的性格或運氣，要如何才可具體的表現出來呢？還是要靠他人的反映呢？就是靠「行動」——質言之，就是「動作」。

太太可憑一個足音的判斷，「啊！是丈夫回來了」。這個足音，亦就是「走路的方式」表現了「丈夫」。

所有的人都是要走、吃、說、坐、笑、睡，由這些行動中，你已經表現出你的心和性格。

在觀相學中稱之爲「體外相」，因此，利用自己的意志，把自由表現的動作——當然這種動作是需要練習的——予以改變，於是他所表現出來的體外相，也隨之改變。如此一來，也改變了他人的看法。他人有如自己的鏡子，所以在他人中反映的自己有了改變，那麼這種形像在他人心目中建立以後，自己的心和性格也隨之改變。因此，心或性格有了變化，面相也有了變化，當然

，在這之中所表現的性格或運氣亦有改變。

和多年未見的朋友相遇，常會有這種想法，「他整個人好像都變了，已經是一位好男人了。」這就是這位朋友的體外相有了改變，所造成的一種印象。

如果我們客觀的發現了自己有不好的心或個性時，也應該可以予以改善，經常可以聽到這種說法，「和好面相的人交往，也可以和他學習」，這就是說，可以和這種好面相的人學習他的動作。

人們常會在不自覺中表現出一些小動作，例如走路的姿態。我在香港流浪期間，有一次在路傍觀察許多人的走路姿態。

有的人前後搖擺著頭走著小步子，有的人走路時撬著肩，有的人則安穩的邁著大步走——因此，由這些走路姿態中，我發現與面相中有著共通的特點。這點也是引起我學習觀相學的理由之一。在這之中，可能有些人會有這種觀念，「大家每天都爲生活忙碌，希望努力的活下去，那有這種閒功夫來管自己或他人有什麼樣的走路姿態。」其實也祇有這種動作，再配合一些事物，才顯出它的重要性呀！

改正壞習慣，亦可使運氣轉好

有一天，就如往常一般，我發呆的注意著往來的人群，就在人群中我發現了一個人閉著眼睛走路。就在我思想的一瞬間，這男人閉著眼睛差不多走了二十步左右，撞上了放在路傍的腳踏車，跌了一跤，在這個時候，群衆都把頭轉向這裡來，這位男人却若無其事的把手提袋檢起來，拍一拍灰塵，很自然的離開。

大概人走路時，都是一面看前，一面走的緣故，閉起眼睛走當然是看不到自行車的。這位男人對於這些事當然是知道，但是他却仍然閉起眼睛走路。對於這件事，我們祇能爲他下一個結論，「一定是有什麼事吧！在考慮著一件非常重要的事吧！」

如果撞到的不是自行車，而是汽車時，結果又如何？如果被壓死了，我們又會說他爲了想重要的事情，才閉著眼睛走路嗎？還是就因此算了。

其實，在日常生活中，我們對於這種常識問題，常常會不加考慮就做出來，因此之故，也就引起了疾病，發生了事故。在平日中，我們常認爲自己的身體狀況是最好的，但是可能在胃中已經發生了措手不及的癌症，一旦發現了，你才感嘆自己知道了太遲。

有時候你勸閉著眼睛走路的人說：「小心發生事呀！」但他可能反駁你說：「我又看不到我的未來。」於是這個不聽，仍然閉著眼睛走，最後被車子撞死了。因此朋友們看到了，會很驚奇的說：「眞的，就如你所說的一樣呀！」

當然他們是應該驚奇的。或許你又會勸道：「睜開眼睛走路吧！」但是他仍然不聽，最後因事故而死亡了。但我們可以歸爲事故引起的嗎？

「爲了追求每日的生活而生存著，我要考慮考慮是要睜著眼睛走呢？還是不呢？」可能又有一些人會如此的回答。

在爲人觀相時，經常會遭遇到這種狀況，前述的我的一位親戚和李小龍都是如此。

如果能睜開眼睛走路，就不致於發生什麼事故了。如果祇做到這點，這個人的人生也會有了改變，這也是必然的現象。至少在我們知道自己的將來的運氣，而把閉著眼睛走路的壞習慣改過來，使我們不必遭遇一些事故或災難，同時在年輪刻下一條明顯的線，得以延長天壽。

在體外相中可分爲六大相，所以稱之爲體外六相，亦卽是「走姿」、「坐姿」、「睡姿」、「吃相」、「說相」、「笑相」六種。

這些相所表現的個性及良相將敍述如後，如果讀者認爲言之有理，就請加以改正。

(1)走　姿

●走路搥動的人——小心具有神經質。

●走路步幅大的人——抱有大夢想或志向的人，有自信，信念強。如果跨出的步子比你的肩部還大，這是過於自信，欠缺協調性。

●步幅小的人——比較短視，祇考慮今天和明天的事。可以看到一些細節的事，但事實上却無法注意到事情的根本，屢犯同樣的錯誤。

●脚尖立刻伸出的人——能夠遵守原則的人，帶有信義感，講義氣。

●明顯的外八字走路——自己表現慾強烈。

●走路內八字的人——個人主義、女性大都以此種走路姿態，做任何事都以自己爲中心。

●走路彎曲的人——任何事都是現實派，但視野很狹窄。

●走路使腰向前突出的人——個性稍爲豪放，但要小心不可傲慢。

●走路左右搥動的人——沒有什麼信念，容易陷入人生的歧路，正邪觀念很淡。

●走路時喜歡往兩傍看的人——不能穩重，有神經質，雜念多。

有痔瘡的人要學習狗的排泄法

這件充其量祇不過是一個人的小動作而已，人們在有心事時，會急躁不堪，心情不能穩定，於是這種動作也隨之把他的心事也表現出來，任何人都可一望卽知。

那麼要怎麼樣才算是良相呢？在中國話中有一句是「行如流水」的諺語，就是說走路要行如流水一般的自然，質言之，祇要大步挺胸而走就可以了。高個子的人和矮個子的人，他們的步幅當然是不一樣。其實祇要按照你的身材，以最輕快的步幅走路就可以。

在這裡可以發現一點，就是「昂然濶步」——把頭和背部伸直，呼吸均勻的程度下，悠然的走動。此外最重要的就是走路一定要專心。

人們在運氣不好，招致疾病的最大原因之一是一心兩用，造成「身不由己」。舉一個不是很好的例子來說，譬如一位帶有痔瘡的人，往往他在上厠所時，都可能是一面蹲厠一面想事情，或在看報紙或看書的癖好，於是不能專心如厠，而把心分散在考慮事物或閱讀報紙上，而把自己最重要的肛門都給忘了，像這種連自己肉體的部分都忘的人，當然要染病了。我認爲祇要觀察狗的如厠就可以瞭解。狗如果有內急時，一定會細心的留意，找一個適當的位置，使氣味不致太容易散開的地點，一旦找到後，就全神貫注的把這件事解決。其實野生動物所以很少疾病，就是因爲

能夠集中心智於一件事的緣故。

廁所所以要圍起來，決不是爲了方便考慮事情或看報紙，而是爲了能安心的如厠。所以有痔瘡的人，不妨試一個月，在上厠所時，集中心智完成這件事，痔瘡可能就會不知不覺的消失了。

言歸正傳，走路時，不要亂了心或氣，集中意志的走。如果有急事時，也要帶著嚴肅的心情，小心的快走，不要心慌意亂，這樣在中途就有遭遇危險的可能。

需要快步的走路時，一定要做到安全、踏實。如果可以按照正常步幅走路時，一定要以最佳的步幅，悠然的走。因此由第三章所敍的年齡區別面相術中，判斷自己的運氣不好時，應該儘量往安全的地帶走，亦即是要如行雲流水一般自然的走動，這樣才不致遭受災厄。

常可聽到一些發生事故的人說：「就好像被什麼東西吸引住一般……。」確實，災難就好像會吸住人一般，在你忘了自己做些什麼的時候，突然間侵襲你。

同時在考慮二件事，就好像要耗費你雙倍的生命，這勿寧說是會縮短你的壽命。在日本人中流傳著聖德太子可以同時處理七件事，這是很令人羨慕的小故事，但是對我來說，羨慕這個故事的人，其實就是傻瓜。

前面所學的走路方式，可以表現出各種的個性，這些人是因爲疏忽了做人的原則，才會有這種舉動，所以如果能按照原則踏出你的步幅，首先由你的姿態開始，這種小動作就可消除，不久以後，心情或性格也隨之有變化，你的面相也隨著改變，最後連運氣也變了。

有如前述這些表現個性的小動作、習性，已深深刻在你的記憶中，要想改變它，並不是一件愉快的事，但是每一個人都要注意，如果能夠把握原則的走路，久而久之習慣了，這種不必要的小動作也會隨之消失。

以後在走路時，各位不妨可以試試，可能就會瞭解其中奧妙，但是有許多人雖然已培養了這種習慣，仍然無法體會其中奧妙。惟有「啊！眞是別有一番滋味呀！」這種壓制不住，湧上心頭的喜悅，才是走路動作中的體驗者。

⑵ 坐　姿

初次見面時，都會相互的打招呼後，才坐下來，在這小小率眞的動作中，就可顯現出一個人的個性。

●靠著椅背而坐的人——這種人是不慌不忙的個性，祇是常會有過份的自信表現。

●雙手伸直而坐的人——謙虛的人，誠實，而且對於他人的談話能專心的聽和想的個性。

●橫向一邊而坐，而且雙手交叉，靠著椅背，不面對對方的人——可能是心疲憊，好的一面是愼重，壞的一面是這個人善於疑心。

●不安於坐，經常改變姿勢的人——沒有自信或信念的人。

●搌動著脚的人——在日語中有一句是「貧困

的捰動」這句話，表示這人不穩重。

●雙手交叉而坐的人——有自信的人，不善於爲他人着想。

自己或對方都應以輕鬆的坐姿

中國有一句諺語「坐如丘山」，亦卽是「坐時要像山丘一般」。這句話並不是說要像山丘那樣的穩固，而是要如山丘那樣的採取平穩的形態，在這之中深深的含有心平氣和的意思。

如果採取疲勞姿態而坐的人，在每次感到疲勞時，就需移動一下姿勢，在變換姿態之間就會使人分散注意力。經常分散注意力就不會有輕鬆的心情，當然更無法專心於對方的談話內容。

祇有採取讓自己輕鬆，也讓對方輕鬆的姿態，才是理想的坐姿，也就是說坐著時要如山丘那麼平穩自然。

什麼是眞正輕鬆的坐姿呢？決不是易於「疲倦」的姿勢。我相信搭過長距離巴士的人，都會有這樣的經驗，最不容易疲勞的坐姿是把背骨伸直，似乎要靠椅背，又好像不靠的坐姿。身體的重心經常像山一般的穩重，身體的重心保持平穩，而且是心平氣和的，如此才是最好的坐姿。

前面已經敍述了，由於身體重心的放置不同，以致表現出各種的個性，所以不妨試試看，和一位素昧平生的一起面對面的坐時，採用正確的坐姿，那麼你給對方的感覺一定是完全的不同。

⑶睡　相

- 橫向一邊睡的人——具有神經質，善解人意，聰明。
- 雙手置於胸、交叉雙脚而睡的人——善良而且誠實，但是待人的態度稍爲不好。
- 手放置於腹部的人——正直，城府較深。
- 手脚動來動去，有時又來一個大翻身的人——孤獨而且勞苦的人。
- 經常翻身的人——性情易變而且沒有果斷，但富有羅曼蒂克的好人。
- 把手彎曲當枕頭，並且脚也彎著而靜靜睡的人——擅長於智慧，具有先見性的行動力。

最理想的睡姿是北向，涅槃的姿勢

中國有一句諺語「臥如龍犬」——如犬或龍一般的睡姿。有如前述，狗在睡覺時，一定執行得很徹底，很安心的睡。牠那徹底的程度是這樣子做的，先尋找場所，並且一再的嘗試睡，最後才決定了場所，並且採取最適當的姿勢，安穩而睡，祇要沒有啥吵雜，牠可以很快的進入夢鄉，但稍爲有聲音，立刻豎起耳朵。

人又怎麼樣呢？如果在半夜有什麼聲音，很多人都會陷入似睡非睡的狀態，換句話說，不能

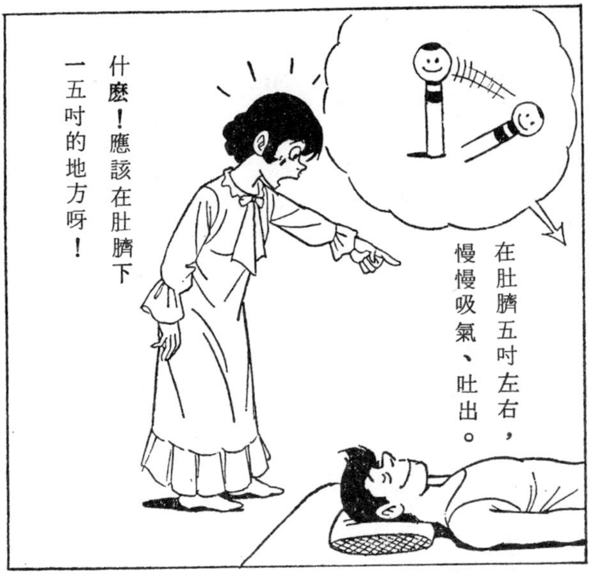

立刻回到夢鄉。人和狗之間的差別是狗在睡覺時，儘管是熟睡，但是他的意識仍是清新的，但是人在睡覺時，他的意識狀態就會移向某一點。

這種意識的迷失的狀態，換句話說，也就容易受到風邪（感冒）。其實我們所謂的睡姿是決不讓意識迷失，睡糊塗的姿勢。

亦就是睡覺時，不想別的事—和如厠一樣—完全集中在呼吸均勻上。具體的說，就是在肚臍下五吋左右的地方（丹田），把氣集中，然後再慢慢排出，吸入的方式，這就是腹式呼吸。換句話說，好像氣或心流滯在丹田一樣均勻的呼吸，如此一來，全身感覺舒服了，很快就可睡着。

姿勢採取如釋迦一樣的涅槃姿勢最佳，亦卽是北向，右邊向下橫躺著。

這點與中國古老的哲學陰陽五行所教的姿勢是

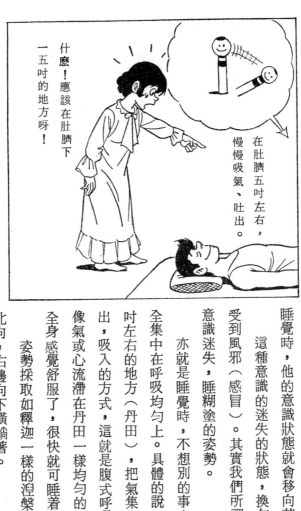

一樣的。南北而睡的睡姿是順著地磁氣，把枕頭置向北方就是做到頭寒足熱的道理，而且右邊向下，對於心臟的跳動是最爲適當。

或許你已知道北平的城市設計，就是按照這個道理，把方位角確定以後才建造的。這也就是東方人的智慧。

但無論如何，在自己最習慣的場所，養成最正確的睡姿，這樣不僅可以很快的熟睡，而且一旦有了地震，可以比狗更早感覺到。

(4) 吃相

祇有吃的姿勢別向動物學習

如果在吃飯時所表現的小動作來發現個性的話，每一個人都應該可以瞭解這一小段話的含意，而予以矯正過來，在這裡我就不多加敘述了。

但是在日本對於吃很多東西的人，稱之爲大食漢。大食漢這句話就是表示什麼東西都能下肚，並不是一句不好的話。但是在中國對大食漢又稱之爲「豬食」，亦就是大量的吃東西，並不是人所應做的，否則祇是徒具人形，而表現却如豬吃東西一般。

大食這個動作決不是一件好事，因爲這個陷入食慾裡面去了。換句話說，具有容易陷入慾望中的個性。

因此在進餐的時候，大口大口的吃或是像猿猴或老鼠一樣忙著吃，滿嘴塞滿了食物，這種決不是值得讚賞的個性。任何的一個偉人，如果像馬一樣把頭伸長的吃東西，那麼他的一生是勞碌不堪，在中國是最忌諱如此。

有關吃的姿態要想在別的動物身上學習到什麼，那是很困難的，僅僅可聽到一些如「虎食龍餐者貴」的話語而已。就是說高貴的人要像老虎或龍一樣的吃。可能是老虎或龍都能從容不迫的吃食物吧！但是在今日的文明裡，有二件大為人所重視的事情。

一件就是呼吸，另一件是吃的方式，兩者都可以直接影響人的生命，但並不十分被重視。然而空氣和食物的攝取確實可以增加壽命或減短壽命。

最正確的吃的方式，首先就是不可陷於慾中，要慢慢的吃，亦即是要養成可以壓制自己的慾望的習慣。同時為了不分散氣，要閉上口，好好的咀嚼。咀嚼時並不單單的咬就可以了，還要好好的分泌必要的唾液以幫助消化。如果不好好的咬就吞食的人，那麼在吃胃藥就正好顯示出這個人的個性是沒有信念的人了。

因此能夠把慾望好好控制住的人，不僅僅表示他是個可以定心的人，同時亦可挽救胃腸疾病的痛苦。

⑸**說　相**

●以尖銳聲音說話的人——個性急躁，缺乏誠實。

●好像錢在地上刮一樣尖的聲音說話的人——對於事情的正邪觀念淡薄。

●舌尖轉動著說話的人——沒有信念，輕率，沒有責任感。

●搶著說話的人——頭腦明晰但缺乏誠意。

●說話前帶有「嗯」或「哦」的人——用心深而且小心。

●聲調不一致的人——性情多變，具有神經質。

說話要宛如鼓聲

說話的聲音又稱為內相，尤其女性更被重視。在中國女性的容姿也很重要，但是聲音的柔美是女性美的基準之一。

聲音的良相就如在耳朵內施予按摩一般具有快感，帶有節奏性。

女性方面的聲音決不少如銀錢聲或嘩啦嘩啦的響聲一般，而是像小鳥柔美的歌聲一般，具有節奏美，才是良相。

男性方面的聲音要由腹部發出來的，亦卽是如敲大鼓一般的響聲和節拍，帶有穩定性的聲音，才是理想的。在日本具有這種內相的人是石坂浩二，已經接近這個理想了。這種聲音表示說話的內容含有信念、正直。

隨著氣氛而變聲調的人，表示尚未發現自己，如果再利用機會改正，一定可以得他人的信任。

另外在最近很受日本歡迎的三木武夫聲音，他是在日本政治家中，難得的良相聲音。這種能發出好聲調的政治家很少，同時亦可說具有指導力的政治家是很少。

在內相中有眼神就如心的說法，其實聲音亦可說是像心一般。

任何人都會有這種經驗，就是平靜的，從容不迫的把話一句一句發至心底的說出，這個時候的情緒一定是很好，同時給聽者也有誠實和正直感。

如果平日能注意這些小節，一定也可做到改造自己。

⑹笑　相

●用喉抑制聲音而笑的人——自我中心，對待他人缺乏柔和感，但頭腦聰明。

●尖銳的笑聲——輕薄，欠缺思考力，但樸直，而且是樂天派。

●閉嘴而笑——自尊心強，自我為中心。

●小聲的笑——小心而具有神經質。

笑要自然的張口，發出聲音而笑才是良相

笑不但無法保留個性，反而是表現個性，但對於女人笑的方式，日本和中國的禮儀有所不同，在日本女性笑的時候，要掩口才有禮貌，但是在中國，對於這種「隱笑」是對他人非常失禮的行為。笑的時候，應該張口開朗的笑，這樣才是良相。在中國稱這種笑為「開口大響」——就是說開口才會發出輕快有節奏的笑聲。

「笑口一開，福隨之而來」——愉快的笑，所以發現自己有不好的個性，應立刻摒棄，才會有快樂的人生。

黑痣要長在看不見的地方才是好痣

最後要稍為談到黑痣和整形的問題。

臉部可以說是編織人的一生而設計的公園。黑痣就如生長在公園的草。要生長在那裡的痣才可說是好痣或壞痣呢？基本上以不長痣爲好。一般所說良相的痣是指生長在看不見的痣，例如在臉相中，以生長在眉中不顯明地方的痣，就是其中之一的好痣。但是痣不可以決定人的命運，所以不必過於介意。那麼對於這樣的草（黑痣）可以拔嗎？我認爲沒有什麼必要，就讓它生長在那裡，把心胸擴展開來，讓它自由生長，反而可以開運。

這對整形問題亦有極大的關係，在中國對於孝道，舉出了三項行爲。

第一讓父母知道有了後代。第二是不傷害父母所給予的體膚。第三是照顧父母的生活。

整形手術是在自己的身體上施以傷害。這表示父母努力照顧我們，不使我們受傷害的身體感到不滿，這對父母是十分失禮的事。傷害臉部的人，表示與父母的緣份很薄。整形的人又如何呢？我個人認爲，卽使你接受了手術，結果還不是一樣！

與其整形倒不如多注意自己的精神生活。

在觀相學中，整形基本上並無法改變命運，結果反而會減少運氣。例如把鼻子的山根墊高，或改變成雙眼皮，所得的結果祇是表面上的美形和把我變成「我慾」。

在前面敍述過，人生增加幸福的秘訣是停止自我的慾望的擴展。誇張了我就是確實降低了自己的運氣。在整形以前，「命」所給予的我，例如「我的鼻子是低的」，爲了要表示自己的幸運，你要對這個「我」讓步，但是整形後，強調了「我」，就不知要如何讓步，或要誇張「我」到什麼樣的程度，就無法明確了，換句話說，你讓自己所帶的運氣的時機給失去了，結果由中年以至晚年的運氣變得無所依憑了。

對於已經整形過的人，在瞭解這個事實以後，應該恢復整形以前的謙虛的自己，才是最重要的。

但是對於那些想整形的人，我勸他最好考慮考慮。這件事不僅是不孝，而且徒增人生的困難，最重要的還是改變自己的心和性格，這樣也就可以自然的改變面相。爲什麼我們不能好好的愛護這也是世界唯一的一張臉，和培養一顆愛他人，公正美麗的心呢？這也是觀相學以前該談的問題。其實我的眼睛是屬於猫眼的一種，猫眼在前面已經說過，小時候是很可愛，但是成人後，發出一種心中所沒有的凶光，威脅了他人，結果反而減低了自己運氣的眼睛。

我年青時代是做一位學校的老師，在進教室的時候，無論教室是多麼的吵雜，一看到我，立刻就靜下來。這點與我愛護學生的情緒沒有關係，而是因爲學生一看到我的眼睛，就起了恐怖心。我因此感到十分的沮喪，於是就帶起了太陽眼鏡，但是這對他人是一項失禮的事，於是我又帶了一副沒有顏色的眼鏡，人們雖然不再有什麼恐怖感，但也僅止於與我交往而已，我仍然對自己十分不滿。

在這之間，我學習了觀相學，知道了伏犀眼是良相的眼睛。於是在練習太極拳中，我又瞭解了經常在上眼皮的眼珠，把它往下移動，就不致再引起他人那麼強烈的心理反應了。

質言之，我不再恨那見到我就感到恐怖的人了，而盡量讓自己帶有一顆柔和的心腸。但是在教師時代，我雖然也想要擁有一顆柔和的心，但一旦看到這群天眞樸實的學生，却很快就急起自己的性子而不自知，其實以前我的眼睛就是明確的表現出由我自己一顆尙未被發現的率眞個性，因此在不知不覺中，就有凶光出現，反射在這群年少者身上。現在我已完全的不再恨這群年青人了。就是因爲我不能發現自己，才會造成自己的痛苦，同時亦引起他人的痛苦。現在學習擁有一顆柔和的心以後，我才發現了自己，而且我經常讓眼皮往下蓋，這樣也就不再有凶光發出了。

由此以後我深深的瞭解人們接近我所抱的態度，也可說這是我改變自己性格的最好證明，我認爲祇要肯下決心，任何人都可以做到的，我想最快樂的事情，莫過於父母給我們的身體，在不知不覺的改變過程中，從新發覺了自己，在這種歡娛中，眞可說是「快樂的人生」。

大展出版社有限公司	圖書目錄

地址：台北市北投區11204　電話：(02) 8236031
致遠一路二段12巷1號　8236033
郵撥：0166955～1　傳眞：(02) 8272069

•法律專欄連載•電腦編號58

台大法學院 法律學系／策劃
法律服務社／編著

①別讓您的權利睡著了1	200元
②別讓您的權利睡著了2	200元

•秘傳占卜系列•電腦編號14

①手相術	淺野八郎著	150元
②人相術	淺野八郎著	150元
③西洋占星術	淺野八郎著	150元
④中國神奇占卜	淺野八郎著	150元
⑤夢判斷	淺野八郎著	150元
⑥前世、來世占卜	淺野八郎著	150元
⑦法國式血型學	淺野八郎著	150元
⑧靈感、符咒學	淺野八郎著	150元
⑨紙牌占卜學	淺野八郎著	150元
⑩ＥＳＰ超能力占卜	淺野八郎著	150元
⑪猶太數的秘術	淺野八郎著	150元
⑫新心理測驗	淺野八郎著	160元
⑬塔羅牌預言秘法	淺野八郎著	200元

•趣味心理講座•電腦編號15

①性格測驗１	探索男與女	淺野八郎著	140元
②性格測驗２	透視人心奧秘	淺野八郎著	140元
③性格測驗３	發現陌生的自己	淺野八郎著	140元
④性格測驗４	發現你的真面目	淺野八郎著	140元
⑤性格測驗５	讓你們吃驚	淺野八郎著	140元
⑥性格測驗６	洞穿心理盲點	淺野八郎著	140元
⑦性格測驗７	探索對方心理	淺野八郎著	140元
⑧性格測驗８	由吃認識自己	淺野八郎著	140元

⑨性格測驗9	戀愛知多少	淺野八郎著	160元
⑩性格測驗10	由裝扮瞭解人心	淺野八郎著	160元
⑪性格測驗11	敲開內心玄機	淺野八郎著	140元
⑫性格測驗12	透視你的未來	淺野八郎著	140元
⑬血型與你的一生		淺野八郎著	160元
⑭趣味推理遊戲		淺野八郎著	160元
⑮行爲語言解析		淺野八郎著	160元

•婦 幼 天 地• 電腦編號16

①八萬人減肥成果	黃靜香譯	180元
②三分鐘減肥體操	楊鴻儒譯	150元
③窈窕淑女美髮秘訣	柯素娥譯	130元
④使妳更迷人	成 玉譯	130元
⑤女性的更年期	官舒姸編譯	160元
⑥胎內育兒法	李玉瓊編譯	150元
⑦早產兒袋鼠式護理	唐岱蘭譯	200元
⑧初次懷孕與生產	婦幼天地編譯組	180元
⑨初次育兒12個月	婦幼天地編譯組	180元
⑩斷乳食與幼兒食	婦幼天地編譯組	180元
⑪培養幼兒能力與性向	婦幼天地編譯組	180元
⑫培養幼兒創造力的玩具與遊戲	婦幼天地編譯組	180元
⑬幼兒的症狀與疾病	婦幼天地編譯組	180元
⑭腿部苗條健美法	婦幼天地編譯組	180元
⑮女性腰痛別忽視	婦幼天地編譯組	150元
⑯舒展身心體操術	李玉瓊編譯	130元
⑰三分鐘臉部體操	趙薇妮著	160元
⑱生動的笑容表情術	趙薇妮著	160元
⑲心曠神怡減肥法	川津祐介著	130元
⑳內衣使妳更美麗	陳玄茹譯	130元
㉑瑜伽美姿美容	黃靜香編著	150元
㉒高雅女性裝扮學	陳珮玲譯	180元
㉓蠶糞肌膚美顏法	坂梨秀子著	160元
㉔認識妳的身體	李玉瓊譯	160元
㉕產後恢復苗條體態	居理安•芙萊喬著	200元
㉖正確護髮美容法	山崎伊久江著	180元
㉗安琪拉美姿養生學	安琪拉蘭斯博瑞著	180元
㉘女體性醫學剖析	增田豐著	220元
㉙懷孕與生產剖析	岡部綾子著	180元
㉚斷奶後的健康育兒	東城百合子著	220元
㉛引出孩子幹勁的責罵藝術	多湖輝著	170元

㉜培養孩子獨立的藝術	多湖輝著	170元
㉝子宮肌瘤與卵巢囊腫	陳秀琳編著	180元
㉞下半身減肥法	納他夏・史達賓著	180元
㉟女性自然美容法	吳雅菁編著	180元
㊱再也不發胖	池園悅太郎著	170元
㊲生男生女控制術	中垣勝裕著	220元
㊳使妳的肌膚更亮麗	楊　皓編著	170元
㊴臉部輪廓變美	芝崎義夫著	180元
㊵斑點、皺紋自己治療	高須克彌著	180元
㊶面皰自己治療	伊藤雄康著	180元
㊷隨心所欲瘦身冥想法	原久子著	180元
㊸胎兒革命	鈴木丈織著	180元
㊹NS磁氣平衡法塑造窈窕奇蹟	古屋和江著	180元

・青春天地・電腦編號 17

①A血型與星座	柯素娥編譯	160元
②B血型與星座	柯素娥編譯	160元
③O血型與星座	柯素娥編譯	160元
④AB血型與星座	柯素娥編譯	120元
⑤青春期性教室	呂貴嵐編譯	130元
⑥事半功倍讀書法	王毅希編譯	150元
⑦難解數學破題	宋釗宜編譯	130元
⑧速算解題技巧	宋釗宜編譯	130元
⑨小論文寫作秘訣	林顯茂編譯	120元
⑪中學生野外遊戲	熊谷康編著	120元
⑫恐怖極短篇	柯素娥編譯	130元
⑬恐怖夜話	小毛驢編譯	130元
⑭恐怖幽默短篇	小毛驢編譯	120元
⑮黑色幽默短篇	小毛驢編譯	120元
⑯靈異怪談	小毛驢編譯	130元
⑰錯覺遊戲	小毛驢編譯	130元
⑱整人遊戲	小毛驢編著	150元
⑲有趣的超常識	柯素娥編譯	130元
⑳哦！原來如此	林慶旺編譯	130元
㉑趣味競賽100種	劉名揚編譯	120元
㉒數學謎題入門	宋釗宜編譯	150元
㉓數學謎題解析	宋釗宜編譯	150元
㉔透視男女心理	林慶旺編譯	120元
㉕少女情懷的自白	李桂蘭編譯	120元
㉖由兄弟姊妹看命運	李玉瓊編譯	130元

㉗趣味的科學魔術	林慶旺編譯	150元
㉘趣味的心理實驗室	李燕玲編譯	150元
㉙愛與性心理測驗	小毛驢編譯	130元
㉚刑案推理解謎	小毛驢編譯	130元
㉛偵探常識推理	小毛驢編譯	130元
㉜偵探常識解謎	小毛驢編譯	130元
㉝偵探推理遊戲	小毛驢編譯	130元
㉞趣味的超魔術	廖玉山編著	150元
㉟趣味的珍奇發明	柯素娥編著	150元
㊱登山用具與技巧	陳瑞菊編著	150元

•健康天地•電腦編號18

①壓力的預防與治療	柯素娥編譯	130元
②超科學氣的魔力	柯素娥編譯	130元
③尿療法治病的神奇	中尾良一著	130元
④鐵證如山的尿療法奇蹟	廖玉山譯	120元
⑤一日斷食健康法	葉慈容編譯	150元
⑥胃部強健法	陳炳崑譯	120元
⑦癌症早期檢查法	廖松濤譯	160元
⑧老人痴呆症防止法	柯素娥編譯	130元
⑨松葉汁健康飲料	陳麗芬編譯	130元
⑩揉肚臍健康法	永井秋夫著	150元
⑪過勞死、猝死的預防	卓秀貞編譯	130元
⑫高血壓治療與飲食	藤山順豐著	150元
⑬老人看護指南	柯素娥編譯	150元
⑭美容外科淺談	楊啟宏著	150元
⑮美容外科新境界	楊啟宏著	150元
⑯鹽是天然的醫生	西英司郎著	140元
⑰年輕十歲不是夢	梁瑞麟譯	200元
⑱茶料理治百病	桑野和民著	180元
⑲綠茶治病寶典	桑野和民著	150元
⑳杜仲茶養顏減肥法	西田博著	150元
㉑蜂膠驚人療效	瀨長良三郎著	180元
㉒蜂膠治百病	瀨長良三郎著	180元
㉓醫藥與生活	鄭炳全著	180元
㉔鈣長生寶典	落合敏著	180元
㉕大蒜長生寶典	木下繁太郎著	160元
㉖居家自我健康檢查	石川恭三著	160元
㉗永恒的健康人生	李秀鈴譯	200元
㉘大豆卵磷脂長生寶典	劉雪卿譯	150元

㉙芳香療法	梁艾琳譯	160元
㉚醋長生寶典	柯素娥譯	180元
㉛從星座透視健康	席拉・吉蒂斯著	180元
㉜愉悅自在保健學	野本二士夫著	160元
㉝裸睡健康法	丸山淳士等著	160元
㉞糖尿病預防與治療	藤田順豐著	180元
㉟維他命長生寶典	菅原明子著	180元
㊱維他命C新效果	鐘文訓編	150元
㊲手、腳病理按摩	堤芳朗著	160元
㊳AIDS瞭解與預防	彼得塔歇爾著	180元
㊴甲殼質殼聚糖健康法	沈永嘉譯	160元
㊵神經痛預防與治療	木下眞男著	160元
㊶室內身體鍛鍊法	陳炳崑編著	160元
㊷吃出健康藥膳	劉大器編著	180元
㊸自我指壓術	蘇燕謀編著	160元
㊹紅蘿蔔汁斷食療法	李玉瓊編著	150元
㊺洗心術健康秘法	竺翠萍編譯	170元
㊻枇杷葉健康療法	柯素娥編譯	180元
㊼抗衰血癒	楊啟宏著	180元
㊽與癌搏鬥記	逸見政孝著	180元
㊾冬蟲夏草長生寶典	高橋義博著	170元
㊿痔瘡・大腸疾病先端療法	宮島伸宜著	180元
51膠布治癒頑固慢性病	加瀨建造著	180元
52芝麻神奇健康法	小林貞作著	170元
53香煙能防止癡呆？	高田明和著	180元
54穀菜食治癌療法	佐藤成志著	180元
55貼藥健康法	松原英多著	180元
56克服癌症調和道呼吸法	帶津良一著	180元
57Ｂ型肝炎預防與治療	野村喜重郎著	180元
58青春永駐養生導引術	早島正雄著	180元
59改變呼吸法創造健康	原久子著	180元
60荷爾蒙平衡養生秘訣	出村博著	180元
61水美肌健康法	井戶勝富著	170元
62認識食物掌握健康	廖梅珠編著	170元
63痛風劇痛消除法	鈴木吉彥著	180元
64酸莖菌驚人療效	上田明彥著	180元
65大豆卵磷脂治現代病	神津健一著	200元
66時辰療法——危險時刻凌晨４時	呂建強等著	180元
67自然治癒力提升法	帶津良一著	180元
68巧妙的氣保健法	藤平墨子著	180元
69治癒Ｃ型肝炎	熊田博光著	180元

⑦⓪肝臟病預防與治療	劉名揚編著	180元
⑦①腰痛平衡療法	荒井政信著	180元
⑦②根治多汗症、狐臭	稻葉益巳著	220元
⑦③40歲以後的骨質疏鬆症	沈永嘉譯	180元
⑦④認識中藥	松下一成著	180元
⑦⑤認識氣的科學	佐佐木茂美著	180元
⑦⑥我戰勝了癌症	安田伸著	180元
⑦⑦斑點是身心的危險信號	中野進著	180元
⑦⑧艾波拉病毒大震撼	玉川重德著	180元
⑦⑨重新還我黑髮	桑名隆一郎著	180元
⑧⓪身體節律與健康	林博史著	180元
⑧①生薑治萬病	石原結實著	180元

・實用女性學講座・電腦編號 19

①解讀女性內心世界	島田一男著	150元
②塑造成熟的女性	島田一男著	150元
③女性整體裝扮學	黃靜香編著	180元
④女性應對禮儀	黃靜香編著	180元
⑤女性婚前必修	小野十傳著	200元
⑥徹底瞭解女人	田口二州著	180元
⑦拆穿女性謊言88招	島田一男著	200元
⑧解讀女人心	島田一男著	200元

・校 園 系 列・電腦編號 20

①讀書集中術	多湖輝著	150元
②應考的訣竅	多湖輝著	150元
③輕鬆讀書贏得聯考	多湖輝著	150元
④讀書記憶秘訣	多湖輝著	150元
⑤視力恢復！超速讀術	江錦雲譯	180元
⑥讀書36計	黃柏松編著	180元
⑦驚人的速讀術	鐘文訓編著	170元
⑧學生課業輔導良方	多湖輝著	180元
⑨超速讀超記憶法	廖松濤編著	180元
⑩速算解題技巧	宋釗宜編著	200元
⑪看圖學英文	陳炳崑編著	200元

・實用心理學講座・電腦編號 21

①拆穿欺騙伎倆	多湖輝著	140元

②創造好構想	多湖輝著	140元
③面對面心理術	多湖輝著	160元
④僞裝心理術	多湖輝著	140元
⑤透視人性弱點	多湖輝著	140元
⑥自我表現術	多湖輝著	180元
⑦不可思議的人性心理	多湖輝著	150元
⑧催眠術入門	多湖輝著	150元
⑨責罵部屬的藝術	多湖輝著	150元
⑩精神力	多湖輝著	150元
⑪厚黑說服術	多湖輝著	150元
⑫集中力	多湖輝著	150元
⑬構想力	多湖輝著	150元
⑭深層心理術	多湖輝著	160元
⑮深層語言術	多湖輝著	160元
⑯深層說服術	多湖輝著	180元
⑰掌握潛在心理	多湖輝著	160元
⑱洞悉心理陷阱	多湖輝著	180元
⑲解讀金錢心理	多湖輝著	180元
⑳拆穿語言圈套	多湖輝著	180元
㉑語言的內心玄機	多湖輝著	180元

•超現實心理講座•電腦編號 22

①超意識覺醒法	詹蔚芬編譯	130元
②護摩秘法與人生	劉名揚編譯	130元
③秘法！超級仙術入門	陸　明譯	150元
④給地球人的訊息	柯素娥編著	150元
⑤密教的神通力	劉名揚編著	130元
⑥神秘奇妙的世界	平川陽一著	180元
⑦地球文明的超革命	吳秋嬌譯	200元
⑧力量石的秘密	吳秋嬌譯	180元
⑨超能力的靈異世界	馬小莉譯	200元
⑩逃離地球毀滅的命運	吳秋嬌譯	200元
⑪宇宙與地球終結之謎	南山宏著	200元
⑫驚世奇功揭秘	傅起鳳著	200元
⑬啟發身心潛力心象訓練法	栗田昌裕著	180元
⑭仙道術遁甲法	高藤聰一郎著	220元
⑮神通力的秘密	中岡俊哉著	180元
⑯仙人成仙術	高藤聰一郎著	200元
⑰仙道符咒氣功法	高藤聰一郎著	220元
⑱仙道風水術尋龍法	高藤聰一郎著	200元

⑲仙道奇蹟超幻像	高藤聰一郎著	200元
⑳仙道鍊金術房中法	高藤聰一郎著	200元
㉑奇蹟超醫療治癒難病	深野一幸著	220元
㉒揭開月球的神秘力量	超科學研究會	180元
㉓西藏密教奧義	高藤聰一郎著	250元

•養 生 保 健• 電腦編號 23

①醫療養生氣功	黃孝寬著	250元
②中國氣功圖譜	余功保著	230元
③少林醫療氣功精粹	井玉蘭著	250元
④龍形實用氣功	吳大才等著	220元
⑤魚戲增視強身氣功	宮　嬰著	220元
⑥嚴新氣功	前新培金著	250元
⑦道家玄牝氣功	張　章著	200元
⑧仙家秘傳袪病功	李遠國著	160元
⑨少林十大健身功	秦慶豐著	180元
⑩中國自控氣功	張明武著	250元
⑪醫療防癌氣功	黃孝寬著	250元
⑫醫療強身氣功	黃孝寬著	250元
⑬醫療點穴氣功	黃孝寬著	250元
⑭中國八卦如意功	趙維漢著	180元
⑮正宗馬禮堂養氣功	馬禮堂著	420元
⑯秘傳道家筋經內丹功	王慶餘著	280元
⑰三元開慧功	辛桂林著	250元
⑱防癌治癌新氣功	郭　林著	180元
⑲禪定與佛家氣功修煉	劉天君著	200元
⑳顛倒之術	梅自強著	360元
㉑簡明氣功辭典	吳家駿編	360元
㉒八卦三合功	張全亮著	230元
㉓朱砂掌健身養生功	楊　永著	250元
㉔抗老功	陳九鶴著	230元

•社會人智囊• 電腦編號 24

①糾紛談判術	清水增三著	160元
②創造關鍵術	淺野八郎著	150元
③觀人術	淺野八郎著	180元
④應急詭辯術	廖英迪編著	160元
⑤天才家學習術	木原武一著	160元
⑥猫型狗式鑑人術	淺野八郎著	180元

⑦逆轉運掌握術	淺野八郎著	180元
⑧人際圓融術	澀谷昌三著	160元
⑨解讀人心術	淺野八郎著	180元
⑩與上司水乳交融術	秋元隆司著	180元
⑪男女心態定律	小田晉著	180元
⑫幽默說話術	林振輝編著	200元
⑬人能信賴幾分	淺野八郎著	180元
⑭我一定能成功	李玉瓊譯	180元
⑮獻給青年的嘉言	陳蒼杰譯	180元
⑯知人、知面、知其心	林振輝編著	180元
⑰塑造堅強的個性	坂上肇著	180元
⑱爲自己而活	佐藤綾子著	180元
⑲未來十年與愉快生活有約	船井幸雄著	180元
⑳超級銷售話術	杜秀卿譯	180元
㉑感性培育術	黃靜香編著	180元
㉒公司新鮮人的禮儀規範	蔡媛惠譯	180元
㉓傑出職員鍛鍊術	佐佐木正著	180元
㉔面談獲勝戰略	李芳黛譯	180元
㉕金玉艮言撼人心	森純大著	180元
㉖男女幽默趣典	劉華亭編著	180元
㉗機智說話術	劉華亭編著	180元
㉘心理諮商室	柯素娥譯	180元
㉙如何在公司頭角崢嶸	佐佐木正著	180元
㉚機智應對術	李玉瓊編著	200元
㉛克服低潮艮方	坂野雄二著	180元
㉜智慧型說話技巧	沈永嘉編著	元
㉝記憶力、集中力增進術	廖松濤編著	180元

・精 選 系 列・電腦編號 25

①毛澤東與鄧小平	渡邊利夫等著	280元
②中國大崩裂	江戶介雄著	180元
③台灣・亞洲奇蹟	上村幸治著	220元
④7-ELEVEN高盈收策略	國友隆一著	180元
⑤台灣獨立	森　詠著	200元
⑥迷失中國的末路	江戶雄介著	220元
⑦2000年5月全世界毀滅	紫藤甲子男著	180元
⑧失去鄧小平的中國	小島朋之著	220元
⑨世界史爭議性異人傳	桐生操著	200元
⑩淨化心靈享人生	松濤弘道著	220元
⑪人生心情診斷	賴藤和寬著	220元

⑫中美大決戰	檜山良昭著	220元

•運 動 遊 戲•電腦編號 26

①雙人運動	李玉瓊譯	160元
②愉快的跳繩運動	廖玉山譯	180元
③運動會項目精選	王佑京譯	150元
④肋木運動	廖玉山譯	150元
⑤測力運動	王佑宗譯	150元

•休 閒 娛 樂•電腦編號 27

①海水魚飼養法	田中智浩著	300元
②金魚飼養法	曾雪玫譯	250元
③熱門海水魚	毛利匡明著	480元
④愛犬的教養與訓練	池田好雄著	250元

•銀髮族智慧學•電腦編號 28

①銀髮六十樂逍遙	多湖輝著	170元
②人生六十反年輕	多湖輝著	170元
③六十歲的決斷	多湖輝著	170元

•飲 食 保 健•電腦編號 29

①自己製作健康茶	大海淳著	220元
②好吃、具藥效茶料理	德永睦子著	220元
③改善慢性病健康藥草茶	吳秋嬌譯	200元
④藥酒與健康果菜汁	成玉編著	250元

•家庭醫學保健•電腦編號 30

①女性醫學大全	雨森良彥著	380元
②初爲人父育兒寶典	小瀧周曹著	220元
③性活力強健法	相建華著	220元
④30歲以上的懷孕與生產	李芳黛編著	220元
⑤舒適的女性更年期	野末悅子著	200元
⑥夫妻前戲的技巧	笠井寬司著	200元
⑦病理足穴按摩	金慧明著	220元
⑧爸爸的更年期	河野孝旺著	200元
⑨橡皮帶健康法	山田晶著	200元

⑩33天健美減肥	相建華等著	180元
⑪男性健美入門	孫玉祿編著	180元
⑫強化肝臟秘訣	主婦の友社編	200元
⑬了解藥物副作用	張果馨譯	200元
⑭女性醫學小百科	松山榮吉著	200元
⑮左轉健康秘訣	龜田修等著	200元
⑯實用天然藥物	鄭炳全編著	260元
⑰神秘無痛平衡療法	林宗駛著	180元
⑱膝蓋健康法	張果馨譯	180元

・心 靈 雅 集・電腦編號 00

①禪言佛語看人生	松濤弘道著	180元
②禪密教的奧秘	葉逯謙譯	120元
③觀音大法力	田口日勝著	120元
④觀音法力的大功德	田口日勝著	120元
⑤達摩禪106智慧	劉華亭編譯	220元
⑥有趣的佛教研究	葉逯謙編譯	170元
⑦夢的開運法	蕭京凌譯	130元
⑧禪學智慧	柯素娥編譯	130元
⑨女性佛教入門	許俐萍譯	110元
⑩佛像小百科	心靈雅集編譯組	130元
⑪佛教小百科趣談	心靈雅集編譯組	120元
⑫佛教小百科漫談	心靈雅集編譯組	150元
⑬佛教知識小百科	心靈雅集編譯組	150元
⑭佛學名言智慧	松濤弘道著	220元
⑮釋迦名言智慧	松濤弘道著	220元
⑯活人禪	平田精耕著	120元
⑰坐禪入門	柯素娥編譯	150元
⑱現代禪悟	柯素娥編譯	130元
⑲道元禪師語錄	心靈雅集編譯組	130元
⑳佛學經典指南	心靈雅集編譯組	130元
㉑何謂「生」　阿含經	心靈雅集編譯組	150元
㉒一切皆空　般若心經	心靈雅集編譯組	150元
㉓超越迷惘　法句經	心靈雅集編譯組	130元
㉔開拓宇宙觀　華嚴經	心靈雅集編譯組	180元
㉕真實之道　法華經	心靈雅集編譯組	130元
㉖自由自在　涅槃經	心靈雅集編譯組	130元
㉗沈默的教示　維摩經	心靈雅集編譯組	150元
㉘開通心眼　佛語佛戒	心靈雅集編譯組	130元
㉙揭秘寶庫　密教經典	心靈雅集編譯組	180元

㉚坐禪與養生	廖松濤譯	110元
㉛釋尊十戒	柯素娥編譯	120元
㉜佛法與神通	劉欣如編著	120元
㉝悟（正法眼藏的世界）	柯素娥編譯	120元
㉞只管打坐	劉欣如編著	120元
㉟喬答摩・佛陀傳	劉欣如編著	120元
㊱唐玄奘留學記	劉欣如編著	120元
㊲佛教的人生觀	劉欣如編譯	110元
㊳無門關（上卷）	心靈雅集編譯組	150元
㊴無門關（下卷）	心靈雅集編譯組	150元
㊵業的思想	劉欣如編著	130元
㊶佛法難學嗎	劉欣如著	140元
㊷佛法實用嗎	劉欣如著	140元
㊸佛法殊勝嗎	劉欣如著	140元
㊹因果報應法則	李常傳編	180元
㊺佛教醫學的奧秘	劉欣如編著	150元
㊻紅塵絕唱	海　若著	130元
㊼佛教生活風情	洪丕謨、姜玉珍著	220元
㊽行住坐臥有佛法	劉欣如著	160元
㊾起心動念是佛法	劉欣如著	160元
㊿四字禪語	曹洞宗青年會	200元
(51)妙法蓮華經	劉欣如編著	160元
(52)根本佛教與大乘佛教	葉作森編	180元
(53)大乘佛經	定方晟著	180元
(54)須彌山與極樂世界	定方晟著	180元
(55)阿闍世的悟道	定方晟著	180元
(56)金剛經的生活智慧	劉欣如著	180元

・經 營 管 理・電腦編號 01

◎創新經營六十六大計（精）	蔡弘文編	780元
①如何獲取生意情報	蘇燕謀譯	110元
②經濟常識問答	蘇燕謀譯	130元
④台灣商戰風雲錄	陳中雄著	120元
⑤推銷大王秘錄	原一平著	180元
⑥新創意・賺大錢	王家成譯	90元
⑦工廠管理新手法	琪　輝著	120元
⑨經營參謀	柯順隆譯	120元
⑩美國實業24小時	柯順隆譯	80元
⑪撼動人心的推銷法	原一平著	150元
⑫高竿經營法	蔡弘文編	120元

國家圖書館出版品預行編目資料

中國祕傳面相術／陳炳崑著，—2版
—台北市：大展，民86
面；21公分—（命理與預言；4）
ISBN 957-557-775-2（平裝）

1.面相

293.21　　　　86013922

ISBN 957-557-775-2

中國秘傳面相術

編著者／陳　炳　崑
發行人／蔡　森　明
出版者／大展出版社有限公司
社　　址／台北市北投區（石牌）致遠一路二段12巷1號
電　　話／(02) 8236031・8236033
傳　　眞／(02) 8272069
郵政劃撥／0166955－1
登記證／局版臺業字第2171號
承印者／高星企業有限公司
裝　　訂／日新裝訂所
排版者／千兵企業有限公司
電　　話／(02) 8812643
初版1刷／1989年（民78年）5月
2版1刷／1997年（民86年）12月

定　　價／180元

大展好書 好書大展